28 Mai 1891.

Collection de feu M. le Dr VINCENOT

FAIENCES ITALIENNES

Françaises et Hollandaises

ANCIENNES PORCELAINES

Européennes et Orientales

MEUBLES — TAPISSERIES

DES XVIe ET XVIIe SIÈCLES

TABLEAUX — CURIOSITÉS

Me G. BOULLAND
COMMISSAIRE-PRISEUR
26, rue des Petits-Champs, 26

M. A. BLOCHE
EXPERT PRÈS LA COUR D'APPEL
25, rue de Châteaudun, 25

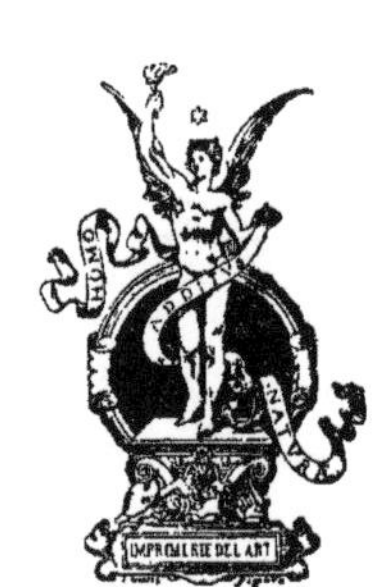

COLLECTION

DE FEU

M. LE Dr VINCENOT

PARIS — IMPRIMERIE DE L'ART

E. Ménard et Cie, 41, rue de la Victoire.

CATALOGUE

DES

FAIENCES ITALIENNES

De Deruta, Urbino, Gubbio, Chaffaggiolo, Castel-Durante, Castelli, Faenza, Savone

FAIENCES FRANÇAISES

De Rouen, Nevers, Marseille, Moustiers
Bernard Palissy et de la suite

Pièces Hispano-Arabes, Persanes et de Delft

ANCIENNES PORCELAINES

ORIENTALES ET EUROPÉENNES

Armes — Émaux de Limoges — Ivoires — Tableaux

Meubles en bois sculpté

ANCIENNES TAPISSERIES — VITRAUX

Composant la Collection de feu M. le Dr VINCENOT

ET DONT LA VENTE AURA LIEU

HOTEL DROUOT, SALLE N° 5

Les Jeudi 28, Vendredi 29 et Samedi 30 Mai
et les Lundi 1er, Mardi 2, Mercredi 3 et Jeudi 4 Juin 1891, Salle n° 7

A 2 HEURES

Par le Ministère de Me **GEORGES BOULLAND**, commissaire-priseur
26, rue des Petits-Champs, 26

Assisté de **M. A. BLOCHE**, expert près la Cour d'appel
25, rue de Châteaudun, 25

Chez lesquels on distribue le présent Catalogue

EXPOSITIONS PUBLIQUES

Salles nos 5 et 7 : *Le Mercredi 27 Mai 1891, de 2 heures à 6 heures.*
Salle n° 7 : *Le Dimanche 31 Mai 1891, de 2 heures à 5 heures 1/2*

CONDITIONS DE LA VENTE

Elle sera faite au comptant.

Les acquéreurs payeront en sus des enchères *cinq pour cent*, applicables aux frais.

L'Exposition mettant le public à même de se rendre compte de l'état des objets, il ne sera admis aucune réclamation une fois l'adjudication prononcée.

ORDRE DES VACATIONS

Le Jeudi 28 Mai 1891

Faïences italiennes	Nos	1 à 133
Verrerie, Poteries antiques, Armes		781 à 814

Le Vendredi 29 Mai 1891

Faïences italiennes	Nos	134 à 245
Hispano-arabes		246 à 248
Persanes		304 à 311

Le Samedi 30 Mai 1891

Sculptures sur bois et albâtre	Nos	826 à 834
Meubles		835 à 869
Tapisseries		870 à 900
Tableaux		901 à 934

Le Lundi 1er Juin 1891

Faïences de Delft	Nos	249 à 302
Faïence suisse		303
Bernard Palissy et suite		312 à 328
Rouen		329 à 388

Le Mardi 2 Juin 1891

Sinceny	Nos	389 à 397
Nevers		398 à 476
Marseille		477 à 511
Moustiers		512 à 534

Le Mercredi 3 Juin 1891

Moustiers	Nos 535 à 555
Strasbourg	556 à 587
Faïences diverses. Grès	588 à 624
Wegdwood	625 à 626
Porcelaines orientales	627 à 649
Porcelaines européennes	650 à 680

Le Jeudi 4 Juin 1891

Porcelaines européennes	Nos 681 à 747
Bronzes. Cuivres	748 à 780
Émaux. Argenterie. Ivoires	815 à 825

Désignation des Objets

FAIENCES ITALIENNES

Deruta.

1 — Deruta. Coupe sur piédouche, forme ronde, décor à reflets métalliques en jaune d'or imbriqué de bleu, offrant au centre, à l'intérieur, un médaillon buste de femme; autour, une couronne, et sur les bords des palmes accouplées entrecoupées de fleurettes; à l'extérieur, un semis d'écailles de poisson. xvie siècle.

2 — Deruta. Coupe de même forme que la précédente, décor à reflets métalliques en jaune d'or imbriqué de bleu, offrant au centre un médaillon cerf courant; autour, une couronne entrecoupée, et sur les bords un enchainement de fleurs et d'ornements; à l'extérieur, reproduction presque exacte du même dessin. xvie siècle.

3 — Deruta. Vase à deux anses avec couvercle, décor à reflets métalliques, arabesques, entrelacs et fleurs en jaune d'or et bleu. xvie siècle.

4 — Deruta. Deux petits plats ronds, décor en jaune imbriqué de brun, à têtes de chérubins et ornements raphaélesques. xvie siècle.

5 — Deruta. Coupe ronde sur piédouche, décor jaune et bleu, à reflets métalliques, offrant au centre une branche feuillagée entourée de godrons; bordure à ornements. xvie siècle.

6 — Deruta. Petite coupe représentant saint Jérôme, décor jaune et bleu à reflets. xvie siècle.

7 — Deruta. Plat rond offrant au centre un buste de femme, marli par compartiments, à rayures, ornements d'écailles de poisson; bordure à arabesques, décor à reflets métalliques, jaune imbriqué de bleu. xvie siècle. Encadré.

8 — Deruta. Petite assiette, décor à arabesques en bleu et jaune, à reflets métalliques. xvie siècle.

9 — Deruta. Petite assiette, décor bleu et or, à rosace. xvie siècle.

FAIENCES DE PESSARO

10 — Pessaro. Plat rond offrant au centre un empereur romain à cheval; sur le bord, des compartiments à ornements et écailles de poisson en polychrome. xvie siècle.

11 — Pessaro. Plat rond, décor bleu, offrant au centre un médaillon à buste de patricienne en costume de l'époque; au marli, des grandes feuilles d'acanthes, et, sur le bord, des écailles de poisson. xvie siècle.

12 — Pessaro. Plat rond avec écusson au centre, ornements et arabesques en bleu et polychrome. xviie siècle.

13 — Pessaro. Plat creux au chiffre du Christ et portant la date de 1717, avec bordure arabesques en bleu, vert et violet.

14 — Pessaro. Coupe côtelée sur piédouche, à ombilic, décorée du buste de Gustave-Adolphe, roi de Suède, avec date de 1671.

15 — Pessaro. Assiette, décor armorié avec banderoles et guirlandes de fleurs.

16 — Pessaro. Écuelle avec couvercle, décor à fleurs.

17 — Pessaro. Grand plat rond, offrant au centre un buste de femme avec banderole à inscriptions; sur les bords, des compartiments à ornements et écailles de poisson. xvie siècle. Cadre en bois noir et or.

18 — Pessaro. Grand plat rond, offrant au centre un saint en prière agenouillé au pied de la croix. Bordure à compartiments à écailles de poisson et rinceaux. xvie siècle. Encadré.

19 — Pessaro. Grand plat rond, offrant au centre le buste de Lorenza, avec banderole à inscription; bordure à compartiments, écailles de poisson et ornements. xvie siècle. Encadré.

FAIENCES DE FAENZA

20 — Faenza. Plat creux au centre avec figure d'Andromaque et banderole à inscription; bords fond bleu à dessin raphaélesque en couleur; avec monogramme au revers. Encadré.

21 — Faenza. Plat rond et creux au centre offrant une armoirie; bords fond noir à trophées guerriers et ornements en polychrome; avec monogramme au revers et la date 1505. Encadré.

22 — Faenza. Deux aiguières à fond bleu, décor à ornements raphaélesques en gros bleu imbriqué de blanc, avec anses à serpents s'enroulant tout autour de la pièce. xvie siècle.

23 — Faenza. Assiette, décor à feuillages en bleu imbriqué de jaune. xviie siècle.

24 — Faenza. Assiette, décor à fruits en polychrome. xviie siècle.

FAIENCES D'URBINO

25 — Urbino. Deux gourdes à panses aplaties représentant, l'une, des sujets guerriers inspirés de l'histoire ancienne, et l'autre des allégories mythologiques; fond de paysages; anses à mascarons avec anneaux formés par des enroulements; accompagnées de leurs bouchons. Fin du xvie siècle ou commencement du xviie siècle.

26 — Urbino. Plateau à quatre faces, représentant des sujets mythologiques dans des paysages. xvie siècle.

27 — Urbino. Cornet, décor, à médaillon-buste de guerrier, trophée et banderole superposés en polychrome sur fond bleu. xvie siècle.

28 — Urbino. Aiguière à gorge trilobée, décor raphaélesque. xviie siècle.

29 — Urbino. Aiguière à gorge trilobée, décor représentant la Nativité. xviie siècle.

30 — Urbino. Deux cornets, décor à sujets allégoriques armoriés.

31 — Urbino. Chien couché. xviie siècle.

32 — Urbino. *Coupe dite d'accouchée*, à décor raphaélesque, médaillon représentant la mère et l'enfant; couvercle également à décor raphaélesque, et, à l'intérieur, un Amour décochant un trait. xvie siècle.

33 — Urbino. Deux cornets, décor à sujets guerriers et armoiries. xvie siècle.

34 — Urbino. Salière triple à coquilles supportée par trois sphinx. xviie siècle.

35 — Urbino. Vase à panse sphérique, décor gros bleu à arabesques en jaune et bande à inscription. xvie siècle.

36 — Urbino. Deux cornets, décor médaillons à personnages, fond bleu avec tore de guerriers. xvie siècle. Socles en bois.

37 — Urbino. Bénitier, décor raphaélesque, offrant en relief, au milieu, la Vierge, l'Enfant et saint Jean. xviie siècle. Cadre en bois noir.

38 — Urbino. Petite aiguière représentant Pomone, un enfant et une nymphe dans un paysage avec anse à serpents au-dessous de laquelle on lit dans un cartouche : *aceto*. xvie siècle.

39 — Urbino. Salière portée par trois sphinx, offrant au fond une figure d'amour. xvie siècle.

40 — Urbino. Plat rond, décor représentant le départ d'Ulysse. xviie siècle. Encadré.

41 — Urbino. Plat rond, à fond bleu, décor à trophées et dessins raphaélesques, en jaune et orange avec inscription et daté 1540. Encadré.

42 — Urbino. Deux cornets à fond bleu avec ornements et médaillons à bustes de personnages sur fond jaune. xvie siècle.

43 — Urbino. Deux aiguières fond bleu, décor à trophées guerriers et banderoles à inscriptions en jaune d'ocre et blanc. xvie siècle.

44 — Urbino. Coupe creuse sur piédouche, forme ronde et cotelée, décor raphaélesque avec médaillons à figure d'amour au centre au fond. xviie siècle.

45 — Urbino. Coupe à salières, décor raphaélesque. xviie siècle.

46 — Urbino. Coupe sur piédouche, représentant Diane et Apollon. xviie siècle.

47 — Urbino. Coupe sur piédouche avec écusson aux armes de Castille. xviie siècle.

48 — Urbino. Coupe à salières avec écusson aux armes de Cardinal.

49 — Urbino. Poêle forme monument, décor à ornements. xviie siècle.

50 — Urbino. Plat représentant l'Enlèvement d'Hélène. xviie siècle. Encadré.

51 — Urbino. Plat représentant Daphnis et Chloé, inscriptions au revers. xvie siècle.

52 — Urbino. Plat représentant la Chaste Suzanne et les Vieillards. xviie siècle. Encadré.

53 — Urbino. Très petite coupe à bossages, décor raphaélesque, figure sur l'ombilic. xviie siècle.

54 — Urbino. Plat représentant le buste de *Bradamante*. xvie siècle. Encadré.

55 — Urbino. Plat représentant une scène allégorique ; inscription au revers : *Leandra in mare et evo a la finestra 1546*. Encadré.

56 — Urbino. Plat représentant les dieux et déesses; inscriptions au revers : *Gione et Giuna' nelprimo et hanidra 1545*. Encadré.

57 — Urbino. Coupe sur piédouche, représentant un buste de femme, se détachant sur fond bleu. On lit sur deux banderoles : *Port. Iab.* xvie siècle. Encadré.

58 — Urbino. Coupe représentant une scène de l'histoire ancienne, avec inscription aux revers : *Muzio Chula sua desta erante Chocie 1548*. Encadré.

59 — Urbino. Plat représentant une scène de la Genèse avec un écusson en haut. On lit en bas : *Genèse II*. xvi siècle. Encadré.

60 — Urbino. Petit plat, représentant un fleuve couché. xvie siècle.

61 — Urbino. Petit plat, décor à armoirie, bords fond vert a arabesques. xviie siècle.

62 — Urbino. Petit plat creux, au centre, décor représentant Joseph fuyant Mme Putiphar. xvie siècle.

63 — Urbino. Coupe représentant Judith. xviie siècle.

64 — Urbino. Coupe sur piédouche, sujet allégorique : Amour épiant une femme. xviie siècle.

65 — Urbino. Plat rond représentant un explorateur étudiant la boule du monde. Au revers on lit : *Mai nonda vostarr de farr 1563*, entouré d'une couronne de feuillages en bleu. Encadré.

66 — Urbino. Coupe à bossages sur piédouche, offrant sur l'ombilic un buste de femme en grisaille, fond jaune; autour, des trophées guerriers sur fond bleu. xvie siècle. Encadrée.

67 — Urbino. Coupe représentant une femme présentant une corbeille de fruits. xviie siècle. Encadrée.

68 — Urbino. Coupe représentant des pâtres et une déesse. ivxe siècle. Encadrée.

69 — Urbino. Coupe sur piédouche représentant le Jugement de Pâris. xviie siècle. Encadrée.

70 — Urbino. Coupe sur piédouche représentant une scène de l'histoire de Daphné. xvie siècle. Encadrée.

71 — Urbino. Grand plat rond représentant une scène de la Genèse, composition d'une multitude de figures. xvie siècle. Inscriptions au revers : *Genesis XIIII*. Encadré.

72 — Urbino. Coupe sur piédouche à bossages représentant Apollon charmant les dieux. xvie siècle. Inscription au revers : *Apollo et Panno*. Encadré.

73 — Urbino. Plat rond représentant une scène de combat des Horaces. Inscription au revers : *Horatio Sol contra toscana, nitta 1541*. Encadré.

74 — Urbino. Coupe ronde représentant une scène de festin dans un palais à colonnade. Dessous, un paysage avec armoirie. xvie siècle. Encadrée. (Le piédouche a été coupé.)

75 — Urbino. Plat creux au centre, à larges bords plats, représentant un sujet allégorique : Amour, Faune et Arabe. Au revers, l'inscription : *Il dotto Stato Tser. ponte cangelatto*. Signé : *Legoria*. xvie siècle. Encadré.

76 — Urbino. Plat rond représentant l'Adoration du Veau d'or : au revers, inscription : *Exode XXXII*. xvie siècle. Encadré.

77 — Urbino. Plat rond représentant Loth et ses filles. xvie siècle. Encadré.

78 — Urbino. Plaque rectangulaire, représentant le portrait d'un personnage en armure fleurdelisé, surmonté d'un écusson avec couronne et trophées d'attributs guerriers aux écoinçons. xvie siècle. Encadrée.

79 — Urbino. Deux petits plats ronds, décor à attributs et trophées, sur fond gros bleu. xvie siècle. Encadrés.

80 — Urbino. Plaque, décor en relief représentant, au centre, sainte Madeleine; encadrement à volutes et tête de chérubin au fronton. xvie siècle.

81 — Urbino. Groupe représentant Orphée entouré d'animaux. xviie siècle.

82 — Urbino. Deux groupes allégoriques : singe et guenon, représentant Apollon et Diane chasseresse. xviie siècle.

83 — Urbino. Plaque forme losange, représentant la Vierge et l'Enfant conduits par un ange, guidés par des chérubins et éclairés par le Saint-Esprit; encadrement à figures et coquillages en relief, avec figure de chérubin au fronton. xviie siècle.

84 — Urbino. Plaque carrée, représentant une femme debout avec inscription au-dessus : *Lache se*. xviie siècle.

85 — Urbino. Plaque rectangulaire, représentant un blason entouré d'ornements raphaélesques : bordure en relief. xviie siècle. Encadrée.

86 — URBINO. Aiguière, décor à figures de guerriers, pied en étain.

87 — URBINO. Plaque fond bleu, décor raphaélesque à reflets. XVIe siècle. Encadrée.

88 — URBINO. Aiguière avec anses à volutes, mascarons et satyres, décor raphaélesque. XVIIe siècle.

89 — URBINO. Paire de vases avec anses à serpents, décor raphaélesque. XVIIe siècle.

90 — URBINO. Deux cornets, décor à bustes de guerriers, avec banderoles encadrées de fruits. XVIe siècle.

91 — URBINO. Plaque offrant au centre le Baptême du Christ, avec encadrement en relief, enroulements et volutes. XVIe siècle.

92 — URBINO. Deux cornets, décor à trophées de bustes de personnages avec banderoles sur fond gros bleu. XVIe siècle.

93 — URBINO. Gros vase à panse sphérique, décor à médaillon-buste de personnage casqué et figure de martyre à la colonne, encadré d'ornements, fond gros bleu à fleurs et fruits. XVIe siècle.

94 — URBINO. Groupe de fruits. XVIe siècle.

95 — URBINO. Petit cornet, décor à buste d'homme casqué et banderoles, fond bleu et jaune à ornements. XVIe siècle.

96 — URBINO. Coupe ronde sur piédouche, représentant une scène de supplice; composition de nombreuses figures. XVIe siècle. Encadrée.

97 — URBINO. Panneau cintré dans le haut, représentant, en

haut-relief, la Crèche, et, au-dessus, un berger tenant une cornemuse et surveillant un troupeau; on lit : *Dexit . Angelus . ab pastores . anvncio . vobis . gavdivm . magnvm . omnibvs . est . odie . salvator . mondi.* XVIe siècle. Cadre en bois noir sculpté.

98 — URBINO. Plat rond représentant une tête de moine, avec banderole à inscription. XVIe siècle. Encadré.

99 — URBINO. Petit plat rond, décor fond bleu à trophées, avec médaillon figures d'amour au centre, fond jaune. XVIe siècle. Encadré.

100 — URBINO. Plat rond représentant une armoirie avec ronde d'amours autour. XVIe siècle. Encadré.

101 — URBINO. Plat représentant Jésabel dévorée par les chiens. XVIIe siècle.

102 — URBINO. Deux petites coupes oblongues à anses, l'une à décor raphaélesque en polychrome, et l'autre à arabesques en bleu. XVIIe siècle.

103 — URBINO. Plat à bossages, décor représentant Adam et Eve dans le Paradis. Fin du XVIe siècle.

104 — URBINO. Petite coupe représentant la Vierge et l'Enfant : au bord extérieur, une inscription. XVIe siècle.

105 — URBINO. Plat rond représentant une exécution : composition de plusieurs figures dans l'intérieur d'une ville, avec inscription, et signé au revers. XVIe siècle. Encadré.

106 — URBINO. Plat rond représentant un guerrier et un blessé. Fin du XVIe siècle. Encadré.

107 — Urbino. Deux plats fond bleu, à bustes de femmes, avec banderoles à inscriptions. xviie siècle. Encadrés.

108 — Urbino. Deux cornets à fond bleu, avec trophées guerriers et médaillons à figures d'évêques. xvie siècle.

109 — Urbino. Deux cornets décorés de médaillons à bustes de personnages, de banderoles à inscriptions et d'ornements en polychrome sur fond bleu. xvie siècle.

110 — Urbino. Petite coupe représentant la Vierge et l'Enfant, avec inscription à l'extérieur. Monture en bronze.

111 — Urbino. Petite coupe oblongue à deux anses, décor raphaélesque. xviie siècle.

112 — Urbino. Petite coupe à surprise forme feuille. xviie siècle.

113 — Urbino. Deux salières forme sirènes. xviie siècle.

114 — Urbino. Saucière forme dauphin.

115 — Urbino. Salière à deux anses figures de femmes, décor raphaélesque. xviie siècle.

116 — Urbino. Petite assiette, décor représentant : Moïse sauvé des eaux ; inscription au revers. xviie siècle.

117 — Urbino. Coupe à piédouche, décor à écusson avec paysage au-dessous. xviie siècle.

118 — Urbino. Coupe à piédouche, décor raphaélesque avec paon au centre. Fin du xvie siècle.

119 — Urbino. Coupe ronde, décor raphaélesque. xviie siècle. Encadrée.

120 — Urbino. Coupe à bossages, décor très fin en bleu avec figure sur l'ombilic relevée de jaune. xviie siècle. Encadrée.

121 — Urbino. Deux coupes à bossages représentant l'une Adam et Ève et l'autre Alexandre et Diogène. xviie siècle. Encadrées.

122 — Urbino. Plat rond, décor à buste de personnage avec banderole à inscription : *Tibe Caes.*

123 — Urbino. Salière triple à trois coquilles entrecoupée de mascarons, supportée par des dauphins, décorée au fond d'une armoirie en polychrome. xviie siècle.

124 — Urbino. Aiguière forme sirène. xviie siècle.

125 — Urbino. Coupe ronde, décor représentant le Départ de l'Enfant prodigue. xviie siècle.

126 — Urbino. Coupe à piédouche avec écusson fleurdelisé au centre, encadrée d'arabesques et de feuillages. xviie siècle. Encadrée.

127 — Urbino. Plat rond représentant Daphné changé en laurier : inscription au revers. xvie siècle. Encadré.

128 — Urbino. Plat rond représentant une scène des Métamorphoses d'Ovide. xviie siècle. Encadré.

129 — Urbino. Plat rond représentant Vénus et Hercule' xvie siècle. Encadré.

130 — Urbino. Cornet, décor à figures de chérubins en bleu sur jaune.

131 — Urbino. Salière carrée avec cariatides aux angles. xviie siècle.

132 — Urbino. Coupe à surprises forme coquillage, avec figure de baigneuse en ronde bosse formant l'anse. xviie siècle.

133 — Urbino. Petit buste-reliquaire : tête de reine. xvie siècle.

FAIENCES DE CASTEL-DURANTE

134 — Castel-Durante. Petit plat offrant au centre en creux un enfant et un chien, à gauche un monogramme, bords larges et concaves à dessins jaunes sur jaune sous couverte ; bordure à guirlandes de chêne. xvie siècle. Encadré.

135 — Castel-Durante. Plat rond, décor à écusson, au centre, en polychrome ; bordure à arabesques en bleu sur blanc. xvie siècle. Encadré.

136 — Castel-Durante. Assiette, décor à armoirie en bleu et jaune.

137 — Castel-Durante. Vase de forme sphérique surbaissée, décor vue de ville et paysage, gorge à feuillages. xviie siècle.

138 — Castel-Durante. Potiche, décor à paysage, oiseaux et fleurs. xvie siècle.

139 — Castel-Durante. Plat rond, représentant au centre un cavalier, lancé au galop ; bordure fond jaune à ornements et fleurs de lis. xviie siècle. Encadré.

140 — Castel-Durante. Plat rond, représentant au centre une sainte ; bordure fond rouge à ornements. xvie siècle. Encadré.

141 — Castel-Durante. Plaque de bénitier, représentant le Christ en croix, le Père éternel et des palmes en relief. xviie siècle. Avec cadre à fond de velours.

142 — Castel-Durante. Plat rond, représentant au centre une femme armée tenant un bouclier armorié; bordure fond jaune à attributs.

143 — Castel-Durante. Plaque rectangulaire, représentant la Vierge et l'Enfant, et saint Jean dans un paysage. xviie siècle. Encadrée.

144 — Castel-Durante. Deux buires, décor à bustes de personnages, inscriptions dans le bas, becs formés de têtes de dauphin. xvie siècle.

145 — Castel-Durante. Deux cornets, décor à médaillons, figures de saints, fond bleu à fleurs et fruits. xvie siècle.

146 — Castel-Durante. Plat forme patène, à fond bleu, décor à figure fabuleuse en blanc, imbriqué de bleu. xvie siècle. Encadré.

147 — Castel-Durante. Deux gros vases cylindriques, décor à guirlandes de fruits et banderoles à inscriptions. xvie siècle.

148 — Castel-Durante. Deux aiguières, décor à arabesques feuillagées, mascarons et banderoles en polychrome sur fond bleu. xvie siècle.

149 — Castel-Durante. Cornet, décor au Héron, en bleu sur blanc.

150 — Castel-Durante. Deux cornets, décor à figures de saintes, couronnes de fleurs et banderoles sur fond jaune. xvie siècle.

151 — Castel-Durante. Vase à deux anses, décor bleu sur blanc.

152 — Castel-Durante. Deux aiguières, décor à cartouches, avec inscriptions et fleurs en bleu, jaune et vert.

153 — Castel-Durante. Deux cornets, décor à cartouches avec inscriptions en bleu et jaune.

154 — Castel-Durante. Aiguière, décor à bustes de personnages, bec au dauphin et polychrome sur fond bleu.

155 — Castel-Durante. Deux cornets, décor à fleurs et inscriptions. xviie siècle.

156 — Castel-Durante. Vase à deux anses, décor à fleurs et feuillages en bleu et écussons polychromes, sur fond jaune.

157 — Castel-Durante. Vase, décor médaillon, sujet mythologique, col et pied à arabesques en bleu et jaune.

FAIENCES DE CASTELLI

158 — Castelli. Paire de vases, décor à sujets allégoriques : la Chaste Suzanne et les Vieillards, Marc-Antoine et Cléopâtre; de l'autre côté, des paysages avec ruines et figures ; anses en forme de rinceaux. xviie siècle.

159 — Castelli. Paire de vases à gorges dentelées, décor paysages et animaux. xviie siècle.

160 — Castelli. Vase décoré de personnages sur des dauphins au milieu des flots de la mer, couvercle en étain avec figures dans un paysage. xviie siècle.

161 — Castelli. Plaque ronde, décor paysage avec ruines et figures au bord de la mer. xviie siècle. Encadré.

162 — Castelli. Plat creux représentant Joseph vendu par ses frères. xviie siècle. Encadré.

163 — Castelli. Deux petites plaques rectangulaires, décor à paysages et figures.

164 — Castelli. Deux petits cornets, décor à figures d'amours.

165 — Castelli. Deux tasses trembleuses avec soucoupes, décor amours et paysages. xviie siècle.

166 — Castelli. Deux tasses avec soucoupes, décor à figures et paysages. xviie siècle.

167 — Castelli. Deux assiettes, décor à sujet mythologiques, bordures à figures d'enfants et arabesques avec écusson. xviie siècle.

168 — Castelli. Deux tasses avec présentoirs, décor à figures et paysages.

169 — Castelli. Petite coupe à deux anses avec figure de saint au fond et bouquets de fleurs autour. xviie siècle.

170 — Castelli. Assiette, sujet allégorique au couronnement d'une déesse dans les nuages. xviie siècle. Cadre en bois sculpté et doré.

171 — Castelli. Plaque rectangulaire représentant une scène de combat, des rocailles et une inscription. xviie siècle. Encadrée.

172 — Castelli. Soupière avec couvercle et plateau, décor à paysages. xviie siècle.

173 — Castelli. Petite plaque, décor paysage avec figures. xviie siècle. Cadre doré.

174 — Castelli. Quatre plaques rectangulaires représentant des stations de la Croix, compositions de nombreuses figures. xviie siècle. Encadrées.

175 — Castelli. Deux petites assiettes, décor à sujets champêtres; bordures à figures d'amours et fruits. xviie siècle. Encadrées.

176 — Castelli. Deux petites assiettes, décor paysage. xviie siècle. Encadrées.

177 — Castelli. Petite coupe, décor à personnages et lion avec banderoles à inscription. xviie siècle. Encadrée.

178 — Castelli. Plaque représentant Jésus bénissant les enfants, décor polychrome avec ornements en bleu aux écoinçons. xviie siècle. Encadrée.

179 — Castelli. Petite plaque rectangulaire représentant une Annonciation, avec coquilles au fronton. xviie siècle. Encadrée.

180 — Castelli. Plaque rectangulaire représentant Jésus emmené enchaîné, composition de nombreuses figures. xviie siècle. Cadre en bois noir à fond de velours.

181 — Castelli. Petite assiette représentant le Départ d'Ulysse, bordure à figures d'amours et mascarons. xviie siècle.

182 — Castelli. Plat offrant au centre une scène pastorale et sur le bord des arabesques avec amours et armoiries. xviie siècle.

183 — Castelli. Petite plaque rectangulaire représentant les Prédictions de Joseph. xviie siècle.

184 — Castelli. Deux petits bols, décor à paysages avec ruines et figures.

Faïences de Gubbio, Chaffaggiolo, Forli.

185 — Gubbio. Coupe sur piédouche à bossages, décor à reflets métalliques mordoré et rouge rubis, offrant sur l'ombilic dans une vasque enflammée un cœur percé de quatre traits : autour, des feuillages et des flammes. xvie siècle. Encadrée.

186 — Gubbio. Coupe ronde offrant au centre, sur l'ombilic, une figure de saint Jean ; au bord, des palmes en creux et des boules en relief ; décor à reflets métalliques. xvie siècle.

187 — Forli ou Faenza. Plat rond à larges bords, décor fond bleu, dessin raphaélesque en clair avec figures d'amours au centre sur fond jaune. xvie siècle. Encadré.

188 — Forli. Plat rond, décor en bleu sur fond bleuté à personnage et inscription. xviie siècle. Encadré.

189 — Chaffaggiolo. Petit plat rond offrant au centre un buste de femme, marli à petits dessins ; bordure fond jaune d'ocre relevé de bleu. xvie siècle. Encadré.

190 — Chaffaggiolo. Aiguière avec plateau à ombilic offrant, sur fond jaune orange, des compositions raphaélesques. Médaillon à figure d'Annibal sur la panse de l'aiguière.

191 — Forli. Petit plat creux : au centre, décor représentant l'Amour et l'Oiseau, marli à rondelles en couleur, fond et bords à dessin relevé de sopra bianco.

Faïences de Padoue, Savone, La Frata, Venise, Milan, Della Robbia, Gênes, Nove.

192 — PADOUE. Plat concave à fond jaune : tête de chérubin; au centre, bordure à pommes de pin en vert, bleu et jaune d'ocre. XVIe siècle.

193 — VENISE. Deux glaces de Venise gravées, à personnages, avec cadres en faïence, décor à fleurs, coquilles et mascarons.

194 — NOVE. Figure d'applique : femme dans les nuages ; cadre à fond de velours bleu.

195 — SAVONE. Plat ovale et à bossages, offrant, au centre, le Concert des Amours; sur le bord, une arabesque de fleurs et feuillages lobés.

196 — SAVONE. Coupe à piédouche, décor bleu, représentant les Amours portant une draperie armoriée, bords à coquilles.

197 — SAVONE. Bassin forme coquille, décor en bleu, représentant le Triomphe d'Amphitrite.

198 — SAVONE. Plat rond, représentant Apollon au Parnasse, entouré des Muses, décor bleu. XVIIe siècle. Encadré.

199 — SAVONE. Plat rond, représentant le Parnasse, décor bleu. XVIIe siècle. Encadré.

200 — SAVONE. Plat rond, décor représentant Mars et Vénus. XVIIe siècle.

201 — SAVONE. Plat rond, décor en camaïeu bleu, représentant des jeux d'enfants et une armoirie. XVIIe siècle. Encadré.

202 — Italie. Haut-relief, rehaussé de peintures représentant le Christ en croix. xviie siècle.

203 — Gênes. Plat rond, décor en bleu à armoirie, paysage et fleurs. xviie siècle.

204 — La Frata. Plat rond, décor représentant deux guerriers ayant combattu, en bleu. xviie siècle.

205 — Savone. Plat rond, décor à sujet allégorique en camaieu bleu avec armoirie relevée de jaune. xviie siècle. Encadré.

206 — Nove. Écuelle avec couvercle et plateau, décor à rocailles et cartels de fleurs en relief.

207 — Italie. Plat rond, décor à papillons et entrelacs en vert et jaune.

208 — Italie. Plaque hexagonale, décor au page; bordure à fleurs et entrelacs en polychrome.

209 — Abruzzes. Salière avec écusson porté par une figurine. xviie siècle.

210 — Italie. Jardinière, décor à paysage.

211 — Italie. Vase côtelé, décor à fruits.

212 — Italie. Deux petits plats, creux au centre, dont un, décor à écusson; l'autre à fleurs en bleu.

213 — Venise. Coupe ronde à bossages, décor agatisé. Encadrée.

214 — Italie. Deux plaques représentant Saint-Pierre et Minerve. Encadrées.

215 — Abruzzes. Trois plats à personnages.

216 — Abruzzes. Théière, forme chien, décor polychrome.

217 — Abruzzes. Gourde, décor à écusson et figure d'Amour en polychrome.

218 — Gènes. Deux coupes à piédouche décorées, l'une d'un paysage avec tour et l'autre d'animaux et de fleurs en bleu.

219 — Abruzzes. Coupe à bossages, décor animaux et fleurs en jaune et vert.

220 — Abruzzes. Gourde, forme couronne, décor polychrome; pied en étain. xviie siècle.

221 — Della Robbia (Andréa). Groupe représentant saint Jean en prière adossé à un rocher. Terre finement modelée et en partie décorée et émaillée. Fragment d'un monument. xvie siècle.

222 — Milan. Petit sucrier ovale et lobé, décor à fleurs.

223 — La Frata. Corbeille à une anse, décor à écussons, oiseaux et lions en bleu rehaussé de jaune et offrant au fond saint Michel terrassant le génie du mal. xviie siècle.

224 — Venise. Plat rond et creux au centre, représentant des armes cardinales en sopra bianco et or, avec bordure à guirlandes de fleurs et d'ornements, le tout sur fond bleu. xvie siècle. Encadré.

225 — Gènes. Coupe à piédouche, décor à paysage avec figures et cavaliers en manganèse, vert et jaune. xviie siècle. Encadré.

226 — Nove. Groupe de trois figures, enlèvement sur socle avec ornements en relief et en blanc. Marqué : *Nove*.

227 — Italie. Grande coupe, forme coquille, décor marbré.

228 — Padoue. Bénitier offrant en relief saint Antoine de Padoue.

229 — Abruzzes. Deux assiettes, décor à armoiries.

230 — La Frata. Grand plat rond, décor à figure de Minerve emportée par un coursier ; bords en bleu. Encadré.

231 — Abruzzes. Deux plats ovales, bords dentelés, décor à écussons.

232 — Fabriques diverses. Quatre assiettes, décor à sujets chinois, porteuse d'eau, et corbeilles de fruits en polychrome.

233 — Venise. Tasse et soucoupe, décor à fleur rouge et or.

234 — Savone. Petit plat octogone, décor paysage ; bordure à fleurs en relief, xviie siècle.

235 — Milan. Assiette, décor à fleurs en relief.

236 — Milan. Deux flambeaux, décor fleurs et paysages.

237 — Florence. Coupe à piédouche, décor à écusson, au milieu d'un paysage en bleu, jaune et manganèse ; au revers, marqué E S 1762.

238 — Venise. Coupe à piédouche, avec écusson au centre en manganèse, bordure à guirlandes de fleurs polychromes, marquée au revers d'une figure du soleil.

239 — Abruzzes. Coupe ovale ajourée avec écusson au centre en polychrome.

240 — Abruzzes. Coupe ovale à bossages, décor marbré.

241 — Nove. Coupe à piédouche, décor polychrome, inspiré de Bérain.

242 — Venise. Deux assiettes, décor à personnages, paysages et ruines, marquées au revers d'un écusson et d'un V.

243 — La Frata. Plat rond, décor polychrome, avec écusson au centre, marli et bordure à compartiments de fleurs.

244 — La Frata. Grand plat rond avec écusson au centre, en bleu, et polychrome, marli et bordures à arabesques en bleu.

245 — La Frata. Deux plats ronds, décor à sujets mythologiques en bleu, avec bordure à oiseaux, animaux et fruits.

245 *bis* — Gènes. Plat rond avec am ur au centre, en bleu et jaune ; bordure par compartiments à fleurs en bleu ; au revers, le phare de la ville de Gênes.

HISPANO-ARABES

246 — Hispano-Arabe. Deux petites coupes à deux anses, décor à reflets métalliques.

247 — Hispano-Arabe. Deux cornets, fond bleu, décor mordoré à reflets métalliques.

248 — Hispano-Arabe. Plat rond à reflets métalliques, avec ombilic au centre, marli à arabesques, bords à fleurs et feuillages. Encadré.

FAIENCES DE DELFT

249 — Delft. Coffret rectangulaire décoré en bleu, offrant sur le couvercle un berger et ses moutons; autour, des rocailles, des médaillons à figures et marines, des paysages et des fleurs. XVIIIe siècle.

250 — Delft. Cocotière forme oiseau sur un nid, décor polychrome, avec monogramme.

251 — Delft. Petit pot à anse, forme singe accroupi, décor polychrome, tenant entre ses jambes un cartouche avec inscription et la date 1753.

252 — Delft. Deux petites vaches, décor polychrome. XVIIIe siècle.

253 — Delft. Petite boîte à thé, décor polychrome à rehauts d'or; monture argent.

254 — Delft. Deux grands plats ronds, décor à sujets allégoriques; au centre, bordure à lambrequins en bleu sur blanc.

255 — Delft. Plat rond, décor à sujet allégorique : *Monsieur de la Vigne et Sainte Fidèlle*, en bleu.

256 — Delft. Plat à barbe, décor polychrome.

257 — Delft. Compotier, décor oiseaux et fleurs en polychrome.

258 — Delft. Deux potiches, décor bleu sur blanc, cartels d'oiseaux et de fleurs.

259 — Delft. Assiette, décor à la Corne en polychrome.

260 — Delft. Assiette à sujets chinois en polychrome.

261 — Delft. Assiette, décor à la nourrice, et au berceau en rouge et jaune, inscription : Vivat de : G. V. B. 1748.

262 — Delft. Compotier, décor au rémouleur.

263 — Delft. Assiette, décor au coq en polychrome.

264 — Delft. Deux assiettes, décor à figures de saints; bordure à ornements bleu sur blanc.

265 — Delft. Quatre assiettes, décor à armoiries, bordure et ornements en bleu sur blanc.

266 — Delft. Deux petits plats, décor polychrome, objets d'ameublement.

267 — Delft. Assiette, décor à garniture de vases en bleu sur fond jaune.

268 — Delft. Ecuelle, avec couvercle et plateau, décor polychrome à bustes de personnages et fleurs.

269 — Delft. Tirelire, décor bleu, médaillons à personnages. Signé: G. K. P.

270 — Delft. Huilier avec burette, décor en bleu avec monogramme A. O. sur les anses.

271 — Delft. Cornet, décor à fleurs et oiseaux en bleu sur blanc.

272 — Delft. Potiche avec couvercle, décor polychrome à fleurs et oiseaux.

273 — Delft. Petit vase, décor polychrome dans le goût chinois.

274 — Delft. Salière double, portée par une figurine de femme, décor polychrome.

275 — Delft. Deux vaches, décor polychrome.

276 — Delft. Deux cocotières, forme cane et poule, décor polychrome.

277 — Delft. Coupe sur piédouche avec couvercle couronné par une figurine couchée, décor en bleu, paysage hollandais et fleurs. Signée A : I 1775.

278 — Delft. Deux petites potiches, décor polychrome à fleurs et oiseaux.

279 — Delft. Deux figurines : Arlequin et Colombine.

280 — Delft. Assiette décorée à fleurs et oiseaux en bleu, avec écusson relevé de jaune.

281 — Delft. Plat rond, décor bleu à sujet allégorique avec inscription : *I. Samuele*; bordure à ornements.

282 — Delft. Plat rond, décor à personnages, sujet allégorique à la fable de la Paille et la Poutre, et ornements sur les bords en bleu.

283 — Delft. Quatre assiettes, à décor armorié bleu sur blanc.

284 — Delft. Assiette à double écusson, décor polychrome.

285 — Delft. Assiette, décor bleu à alliance d'armoiries.

286 — Delft. Assiette, décor polychrome à armoirie, bordure oiseaux et arabesques de fleurs.

287 — Delft. Grand plat rond, décor architectural représentant des scènes de la vie du Christ et des Apôtres, décor en bleu imbriqué de jaune.

288 — Delft. Assiette, décor armoirie et monogramme : I. D. en polychrome.

289 — Delft. Assiette à décor chinois en polychrome.

290 — Delft. Assiette, décor polychrome, corbeille de fleurs.

291 — Delft. Deux pichets à figures de buveurs.

292 — Delft. Statuette de magot assis, avec costume à fleurs et ornements en polychrome.

293 — Delft. Gourde, forme baril, décor polychrome moulin, paysage et figures.

294 — Delft. Boite à thé, décor dans le goût chinois, à figures, ornements et corbeilles de fleurs en bleu.

295 — Delft. Paire de cornets, décor polychrome à fleurs et lambrequins.

296 — Delft. Petit magot assis, décor polychrome.

297 — Delft. Plat tripode, décor en bleu.

298 — Delft. Sucrier avec couvercle couronné par une figurine, décor à paysages et figures en polychrome.

299 — DELFT. Trois souliers, décors variés.

300 — DELFT. Théière, décor à lambrequins, ornements et petit buste de femme en bleu sur blanc; porte au-dessous l'inscription *anno 1779* et un signe.

301 — HOLLANDE. Assiette en terre de pipe émaillée, décor à rehauts d'or, armoiries, avec monogramme: P. W. D. 5.

302 — HOLLANDE. Huit assiettes en terre de pipe, décor polychrome, sujets variés à personnages en costumes Louis XV.

SUISSE

303 — SUISSE. Grand plat en terre vernissée, représentant la Sainte Famille, daté 1732.

FAIENCES DE PERSE

304 — Petit vase, décor à fleurs et pommes de pin.

305 — Aiguière, décor polychrome à fleurs et ornements.

306 — Deux petits bols, décor polychrome, médaillons fond gaufré.

307 — Deux tasses hautes, décor polychrome.

308 — Aiguière, décor à palmes et fleurs en polychrome.

309 — Quatre plats, décors variés à palmes et fleurs.

310 — Quatre soucoupes à figures et fleurs.

311 — Bouteille, décor bleu sur blanc.

FAIENCES FRANÇAISES

de Bernard Palissy et de la suite.

312 — Bernard Palissy. Plat ovale représentant la Belle Jardinière, bordure à rubans, rosaces et fleurettes.

313 — Bernard Palissy (Suite de). Plat ovale représentant Henri IV et sa famille.

314 — Bernard Palissy (Suite de). Plat rond représentant Hébé.

315 — Bernard Palissy (Suite de). Plat rond représentant au centre un sujet champêtre.

316 — Bernard Palissy (Suite de). Petit plat ovale représentant Diane et les nymphes visées par l'amour.

317 — Bernard Palissy (Suite de). Plat ovale représentant Jupiter.

318 — Bernard Palissy (Suite de). Plat ovale représentant le Baptême du Christ.

319 — Bernard Palissy (Suite de). Plat ovale représentant la Décollation de saint Jean.

320 — Bernard Palissy (Suite de). Plat ovale représentant la Création de la femme.

321 — Bernard Palissy (Suite de). Plat ovale, bordure à jour avec mascarons têtes de satyres offrant au centre un sujet mythologique : l'Ivresse de Silène.

322 — Bernard Palissy (Suite de). Plat ovale à salières entrecoupé de mascarons.

323 — Bernard Palissy (Suite de). Plat ovale à bords dentelés, décor à mascarons.

324 — Bernard Palissy. Petite coupe offrant en bas-relief, au fond, une figure allégorique de l'Abondance. xvie siècle.

325 — Bernard Palissy (Suite de). Vierge en prière : figurine habillée d'une robe violette et d'un manteau jaune; porte sur le socle deux C enlacés que nous pensons être le monogramme de Clérici, continuateur du célèbre potier, à Fontainebleau. xviie siècle.

326 — Bernard Palissy (Suite de). Figurine de moine en prière tenant un crucifix dans la main droite. Attribuée à Clérici. xviie siècle.

327 — Bernard Palissy (Suite de). Figurine représentant saint Jérôme. xviie siècle.

328 — Bernard Palissy (Suite de). Groupe de saint Jérôme à genoux ayant le lion à ses côtés. xviie siècle.

Faïences de Rouen.

329 — Rouen. Plat rond à bords contournés, décor à la pagode; bordure à carrelages et médaillons à l'écrevisse en polychrome.

330 — Rouen. Fontaine avec couvercle et bassin, décor à guirlandes de fleurs en polychrome.

331 — Rouen. Deux bouquetières, décor polychrome.

332 — ROUEN. Assiette, décor au Chinois en polychrome, marquée au revers G. P.

333 — ROUEN. Bannette, décor polychrome, corbeille de fruits au centre; bordure à ornements sur fond bleu.

334 — ROUEN. Bannette, décor polychrome au trophée de carquois, rocailles et colombes; bordure à ornements.

335 — ROUEN. Assiette, décor bleu aux armes Cardinal.

336 — ROUEN. Pichet, décor polychrome à fleurs et treillage: monture en étain.

337 — ROUEN. Pichet, décor en bleu à médaillons représentant saint Honoré, le Four du boulanger, et la Boulangère à son comptoir, daté 1759; monture en étain.

338 — ROUEN. Bassin octogone offrant au centre une corbeille de fleurs et sur les bords des ornements et des carrelages partie en polychrome, partie sur fond gros bleu, partie sur fond rouge.

339 — ROUEN. Deux seaux, décor bleu et rouge.

340 — ROUEN. Suspension, décor ornements et serpents en bleu et rouge, monture en bronze. Style Louis XVI.

341 — ROUEN. Bannette, décor polychrome à sujet chinois.

342 — ROUEN. Pot à tabac, décor bleu sur blanc.

343 — ROUEN. Plat oblong, décor polychrome à trophée de carquois, de torches et de rocailles avec groupes de colombes au centre; bordure à ornements, fond treillagé vert.

344 — Rouen. Plat oblong, décor polychrome avec dragons, insectes et fleurs.

345 — Rouen. Deux plats ronds à bords contournés, décor polychrome, l'un à la Corne, l'autre à personnages chinois, arbres et oiseaux.

346 — Rouen. Assiette, offrant au centre un roi tenant un faucon et un esclave portant un parasol; bordure à ornements avec écusson, décor polychrome.

347 — Rouen. Assiette, décor à fleurs et jardiniers; bordure par compartiments à fleurs et carrelages en polychrome.

348 — Rouen. Assiette à décor rocaille et fruits, animaux courants et ornements polychromes.

349 — Rouen. Assiette représentant un buste de femme portant une corbeille de fruits, des coquilles et rinceaux; bordure ornements, décor polychrome.

350 — Rouen. Compotier octogone, décor à personnages chinois en polychrome.

351 — Rouen. Assiette, décor au carquois, en polychrome.

352 — Rouen. Assiette, décor polychrome, corbeille fleurie au centre; bordure fond bleu à fleurs et ananas.

353 — Rouen. Assiette, décor polychrome, corbeille de fleurs et fruits au centre; bordure à guirlandes et ornements.

354 — Rouen. Deux assiettes, décor à la Corne.

355 — Rouen. Grand plat rond, décor bleu, rosace au centre, lambrequins sur le bord.

356 — Rouen. Coupe ronde côtelée, décor polychrome, corbeille fleurie au centre; bordure à ornements.

357 — Rouen. Plat oblong à bords contournés, décor polychrome offrant au centre un cartel à sujet allégorique, et sur les bords des enroulements à feuillages, oiseaux et papillons en polychrome.

358 — Rouen. Pichet, décor polychrome avec médaillon à figure d'Évêque, au-dessus on lit : Roman, marinie 1717. Monture en étain.

359 — Rouen. Pichet, décor bleu à ornements. Monture en étain.

360 — Rouen. Deux petites bouteilles, décor bleu.

361 — Rouen. Aiguière, forme casque, décor mascarons et ornements en bleu.

362 — Rouen. Deux bouteilles, décor bleu et rouge, à ornements.

363 — Rouen. Aiguière, forme casque, décor bleu à mascarons, fleurs et ornements.

364 — Rouen. Fontaine à guirlandes de fleurs et dessin en polychrome.

365 — Rouen. Soupière avec couvercle, décor polychrome, dessin très fin à guirlandes et ornements.

366 — Rouen. Assiette octogone, décor corbeille de fleurs au centre; bordure à guirlandes et ornements en polychrome.

367 — Rouen. Grand vase cylindrique, décor à ornements en bleu et rouge.

368 — Rouen. Seau, décor à lambrequin et guirlandes en polychrome.

369 — Rouen. Sucrier, décor polychrome.

370 — Rouen. Assiette, décor à fleurs; bordure à ornements polychromes.

371 — Rouen. Assiette, décor à corbeille de fleurs, au centre; bordure à guirlandes et lambrequins bleu et jaune d'ocre.

372 — Rouen. Sucrier à poudre, décor polychrome. treillage, papillons et fleurs sur bande à fond bleu.

373 — Rouen. Sucrier à poudre, décor très fin à lambrequins et guirlandes de fleurs, en bleu et jaune d'ocre.

374 — Rouen. Deux bouquetières, décor à fleurs en blanc.

375 — Rouen. Trois assiettes, décor polychrome à la Corne, et à sujets chinois.

376 — Rouen. Petit compotier, décor bleu sur blanc, à rosaces et encadrements à ornements.

377 — Rouen. Deux assiettes, décor d'oiseaux, insectes et fleurs, en polychrome.

378 — Rouen. Grande bouquetière, décor à ornements en bleu sur blanc.

379 — Rouen. Écuelle avec couvercle, décor à bouquets de fleurs et feuillages. Signé dessous : *Truro*.

380 — Rouen. Plat oblong, décor à la Corne, en polychrome.

381 — Rouen. Saladier, décor bleu sur blanc : personnage assommant un bœuf; bordure à ornements.

382 — Rouen. Plat rond, décor à corbeille fleurie, au centre; bordure à ornements en bleu, rouge et vert.

383 — Rouen. Plat rond, décor à rocailles, cartels à sujets chinois, à la Pagode, fleurs et fruits en polychrome.

384 — Rouen. Assiette, décor à guirlandes et ornements en bleu et rouge.

385 — Rouen. Grand plat rond, représentant une allégorie à un sacrifice devant une chapelle, décor bleu sur blanc.

386 — Rouen. Bidet, décor bleu sur blanc.

387 — Rouen. Huilier, décor bleu et rouge, avec burettes en vert rehaussé d'or.

388 — Rouen. Petit moutardier, décor bleu sur blanc.

Faïences de Sinceny.

389 — Sinceny. Plat rond, décor à la Pagode, bords par compratiments, treillage et fleurs en polychrome.

390 — Sinceny. Burette avec jetée de fleurs au centre, bords à contours.

391 — Sinceny. Assiette, décor au Chinois tenant une corbeille; dessin en polychrome.

392 — SINCENY. Assiette, décor à écusson en polychrome.

393 — SINCENY. Pichet avec couvercle, décor polychrome à fleurs, oiseaux et cartouche de terrain.

394 — SINCENY. Vase forme balustre, décor à œillets et oiseaux.

395 — SINCENY. Deux assiettes à bouquets de fleurs en blanc, sous couverte.

396 — SINCENY. Huilier, décor à paysage chinois en polychrome, avec burettes en cristal taillé.

397 — SINCENY. Deux soucoupes : l'une à la Corne, l'autre à la Fleur, en polychrome.

Faïences de Nevers.

398 — NEVERS. Gourde à fond bleu nuageux, représentant en jaune, manganèse et vert, d'un côté, le Triomphe de Pomone, et de l'autre côté, un satyre portant une botte de blé, et un enfant portant une corbeille de fruits. Première période.

399 — NEVERS. Bouteille à panse surbaissée, décor à médaillons de fleurs, arabesques et feuillages en bleu imbriqué de manganèse, XVIIe siècle.

400 — NEVERS. Gourde à panse aplatie, offrant d'un côté un écusson, et de l'autre, des enfants jouant ; autour du col, des bouquets de fleurs, décor polychrome, XVIIe siècle.

401 — NEVERS. Gourde, décor en bleu et manganèse, médaillons à figures et paysages.

402 — Nevers. Bouteille, décor bleu, à sujets chinois.

403 — Nevers. Cornet, décor bleu, à bouquets de fleurs.

404 — Nevers. Deux petits lions assis.

405 — Nevers. Deux jardinières sur piédouches, décor bleu sur blanc.

406 — Nevers. Coupe ronde, bords dentelés, décor à guirlandes de fleurs, avec mascarons en bleu sur blanc.

407 — Nevers. Petite bouteille à fond bleu, décor à bouquets de soleils et de tulipes en sopra bianco jaune et jaune d'ocre. xviie siècle.

408 — Nevers. Petite pièce forme livre, décor d'un côté, l'Amour sur un dauphin, et de l'autre, Daphnis jouant de la flûte.

409 — Nevers. Jardinière à quatre faces, fond bleu, décor oiseaux et branchages en jaune, jaune d'ocre et sopra bianco, avec anses à tortillons.

410 — Nevers. Petit vase, décor bleu à fleurs et oiseaux.

411 — Nevers. Petite jardinière, décor à fleurs, anses à tortillons en bleu.

412 — Nevers. Aiguière avec couvercle à rocaille, décor en camaïeu bleu, médaillon, Vénus et l'Amour, et, au-dessus, Jupiter et l'aigle.

413 — Nevers. Vase de pharmacie, décor fond bleu jaspé de blanc.

414 — Nevers. Soucoupe fond bleu, avec fleurettes et bordure en blanc.

415 — Nevers. Jardinière, décor bleu, anses à mascarons.

416 — Nevers. Tasse avec soucoupe, fond bleu, décor par compartiments à ornements et vermiculés en sopra bianco et jaune d'ocre.

417 — Nevers. Plat fond bleu jaspé de blanc.

418 — Nevers. Saladier, décor polychrome, représentant un paysan précédé d'un chien se dirigeant vers un moulin.

419 — Nevers. Petit plateau octogone, décor manganèse et bleu, à figures et paysages chinois.

420 — Nevers. Petit plateau à bords festonnés, décor bleu, gerbe de fleurs et oiseaux.

421 — Nevers. Pichet et bassin, fond bleu, décor à fleurs et feuillage en blanc ; monture en étain.

422 — Nevers. Jardinière avec anses à tortillons, décor bleu marbré ; monture en étain.

423 — Nevers. Petit plat creux, au centre, décor bleu à armoiries et branchages fleuris.

424 — Nevers. Plat creux au centre, décor bleu, à figure de guerrier, bords à scène champêtre et écussons.

425 — Nevers. Plat creux, au centre, décor à figures, oiseaux et fleurs en bleu.

426 — Nevers. Plat creux, au centre, décor scène champêtre, en bleu, et écusson relevé de jaune d'ocre.

427 — Nevers. Deux bassins ronds, fond bleu, décor à oiseaux et fleurs; l'un en jaune d'ocre et sopra bianco, et l'autre à gerbe de fleurs en sopra bianco.

428 — Nevers. Deux appliques à une lumière, décor bustes de personnages.

429 — Nevers. Petite assiette, décor armorié en bleu et jaune.

430 — Nevers. Petite assiette, décor à armoirie; bordure à fleurs en bleu et manganèse.

431 — Nevers. Saladier, décor polychrome, à l'*Arbre d'Amour*.

432 — Nevers. Coupe à décor bleu imbriqué de blanc, dessin feuillage et grappes de groseilles.

433 — Nevers. Grand saladier, décor en bleu imbriqué de jaune par partie, offrant au centre des scènes allégoriques à la vie du tonnelier, avec inscription : *François. Jouanain. Aime. le bon vin. 1725*. Bordure à ornements.

434 — Nevers. Grosse bouteille, décor polychrome, à figures de courrier et personnages en longues robes coiffés de lauriers, au milieu d'un paysage. Goulot à feuilles de chêne en polychrome.

435 — Nevers. Assiette fond bleu, décor à fleurs et écusson en sopra bianco, relevé de jaune d'ocre.

436 — Nevers. Plat rond, décor à sujet chinois, en bleu.

437 — Nevers. Aiguière à surprise, décor bleu et jaune avec médaillon allégorique : le cerf pleurant ses cornes. 1751.

438 — Nevers. Aiguière à surprise, sujet d'après Callot. François Mouseau; décor polychrome.

439 — Nevers. Deux lions, décor polychrome.

440 — Nevers. Grande jardinière, anses à tortillons, décor à personnes et paysages dans le genre chinois, en bleu.

441 — Nevers. Petite potiche, forme sphérique, à fond bleu, décor à oiseaux et branchages en sopra bianco : monture en étain.

442 — Nevers. Petite jardinière, décor fond bleu, marbré blanc, anses à tortillons.

443 — Nevers. Aiguière, décor à sujet chinois en bleu et manganèse.

444 — Nevers. Saladier, décor grandes plantes vertes, décor polychrome.

445 — Nevers. Écuelle avec couvercle, décor guirlandes et fleurs de lis; inscription : *Vive le roi.*

446 — Nevers. Pichet avec cartouche à inscription : *A Roch.*

446 *bis* — Nevers. Pichet, décor oiseaux et fleurs en polychrome.

447 — Nevers. Pichet, décor à buste de femme, rocailles et fleurs en polychrome.

448 — Nevers. Deux saladiers, décor à paysages et emblèmes révolutionnaires.

449 — Nevers. Pichet, décor médaillon, paysage en polychrome.

450 — Nevers. Petit fourneau à deux anses, décor en bleu.

451 — Nevers. Petite commode formant bouquetière, décor polychrome.

452 — Nevers. Deux saladiers, décor trophées symboliques de la Révolution, en polychrome.

453 — Nevers. Deux pichets, décor figures et paysages en polychrome.

454 — Nevers. Pichet, décor figure de sainte Catherine et bouquets de fleurs; monture en étain.

455 — Nevers. Aiguière, décor à écusson bleu ; couvercle en étain.

456 — Nevers. Saladier, décor à médaillon, sujet chinois : Joueur de tam-tam ; bordure à cartouche de terrain en polychrome avec inscription : *Magdeleine Contalle 1761.*

457 — Nevers. Aiguière à fond bleu, décor à inscription, fleurs et oiseaux, en sopra bianco; couvercle et bec garnis d'étain.

458 — Nevers. Saladier, décor polychrome : Chérubins au pied de la croix.

459 — Nevers. Grand plat dans le goût persan, décor à plantes et fleurs en polychrome.

460 — Nevers. Deux plats ronds, décor paysages et oiseaux en polychrome.

461 — Nevers. Deux petites coupes, décor oiseaux et fleurs en bleu.

462 — Nevers. Deux assiettes, décor bleu à figures et paysages au centre ; bordures à arabesques.

463 — Nevers. Gourde, décor polychrome à fleurs de lis et bouquets de fleurs.

464 — Nevers. Aiguière, décor à cartels, bouquets de fleurs, en bleu et jaune.

465 — Nevers. Jardinière, décor à sujet chinois, en bleu ; pied bois noir.

466 — Nevers. Saladier, décor à l'arbre d'amours.

467 — Nevers. Grand plat rond, creux ; au centre, décor à personnages et paysages en bleu sur blanc.

468 — Nevers. Saladier, décor représentant saint Denis et des trophées d'instruments champêtres, avec bordure à arabesques en bleu sur blanc. Inscription : *Denis 1720 Moutin.*

469 — Nevers. Dix-neuf assiettes, décor polychrome à figures de saints et sujets allégoriques au Nouvau Testament.

470 — Nevers. Deux petits seaux minuscules, décor bleu sur blanc.

471 — Nevers. Hanap, décor à fleurs et oiseaux en bleu sur blanc.

472 — NEVERS. Jardinière oblongue, anse à tortillons, décor à paysage en bleu sur blanc.

473 — NEVERS. Soixante-dix assiettes, dites patriotiques, à décors divers.

474 — NEVERS. Sept plats à barbe, décors variés.

475 — NEVERS. Petit bénitier, décor polychrome.

476 — NEVERS. Fontaine, décor à figure allégorique de la Justice, et guirlandes de fleurs.

Faïences de Marseille.

477 — MARSEILLE. Deux assiettes, décor à sujets champêtres; bordures dentelées d'or.

478 — MARSEILLE. Soupière oblongue, décor à rocailles en relief, anses à têtes d'aigles, couvercle feuille de chou, couronné d'une rose ; porte dessous le monogramme de Hanong.

479 — MARSEILLE. Quatre assiettes, décor à bouquets de fruits et de fleurs.

480 — MARSEILLE. Deux assiettes, décor de bouquets de fleurs, en vert.

481 — MARSEILLE. Grand poêlon, avec couvercle, décor médaillon, amours en camaïeu violet, encadrés de guirlandes de fleurs en polychrome. Signé : *J. S.*

482 — MARSEILLE. Huilier avec burettes, décor à trophée champêtre et fleurs.

483 — Marseille. Deux jardinières à doubles compartiments, décor à bouquets de fleurs détachés ; bordure à rocaille et feuilles de chou.

484 — Marseille. Plat oblong, décor à bouquets de roses détachés.

485 — Marseille. Assiette, décor à bouquets de roses et tulipes.

486 — Marseille. Deux assiettes, décor au perroquet.

487 — Marseille. Deux assiettes, décor à la rose et à l'œillet.

488 — Marseille. Deux assiettes, décor à fleurs ; bordure dentelée.

489 — Marseille. Petite jardinière à quatre faces, décor à bouquets de fleurs.

490 — Marseille. Grand seau à sujet Watteau, en camaïeu violet.

491 — Marseille (S. P.). Écuelle et quatre pots à crème, décor à médaillons, petits amours en camaïeu violet et fleurs en polychrome.

492 — Marseille. Vase avec couvercle ajouré, décor à volatiles dans des paysages, anses à volutes. xviiie siècle.

493 — Marseille. Deux bouquetières forme rocaille, décor bleu et jaune.

494 — Marseille. Bouquetière lobée, décor à fleurs.

495 — Marseille. Onze assiettes à bordures filets bleus et porte-bouquets à fleurs des champs au centre.

496 — **Marseille.** Assiette, décor à fleurs.

497 — **Marseille.** Vase, décor : sujet d'après Leprince, gorge et pied feuilles de chou, avec couvercle de fleurs en relief.

498 — **Marseille.** Paire de vases décorés de guirlandes et de chutes de fleurs en relief, avec couvercles ajourés couverts de fleurs et de feuillage en relief.

499 — **Marseille.** Deux bouquetières, décor à médaillon, paysage animé de figures.

500 — **Marseille.** Deux assiettes, décor à fleurs.

501 — **Marseille.** Compotier, décor à fleurs.

502 — **Marseille.** Jardinière octogone, décor oiseaux et fleurs ; bordure fond bleu à rehauts d'or.

503 — **Marseille.** Brûle-parfums, décor à fleurs et feuillages en relief.

504 — **Marseille.** Aiguière, décor à écusson et grand lévrier, rocailles et bouquets de fleurs avec anse et couvercle en étain.

505 — **Marseille.** Théière, décor à sujet champêtre.

506 — **Marseille.** Ménagère avec porte-bouquet et burette forme rocaille, décor à bouquets de fleurs. Pièce intéressante.

507 — **Marseille.** Écuelle avec couvercle, décor à bouquets de fleurs et palmes.

508 — **Marseille.** Deux assiettes, décor sujet de chasse.

509 — MARSEILLE. Assiette, bords à jour, décor au Chinois, marquée au revers H.

510 — MARSEILLE. Assiette, bords à jour, décor à fleurs.

511 — MARSEILLE. Assiette, décor à jour, avec grande feuille de vigne au centre.

Faïences de Moustiers

512 — MOUSTIERS. Soupière ronde avec couvercle et plateau, décor à armoirie en bleu.

513 — MOUSTIERS. Plat oblong à contours, décor polychrome à sujet chinois : scène de chasse au faucon.

514 — MOUSTIERS. Deux assiettes, représentant l'une un enfant musicien, l'autre un cheval ; bordure à guirlandes de fleurs en polychrome.

515 — MOUSTIERS. Assiette, décor bleu, chiffre L L enlacés et ornements.

516 — MOUSTIERS. Assiette, décor bleu, aux trois couronnes fleurdelisées.

517 — MOUSTIERS. Assiette, décor à bouquet de fleurs en violet.

518 — MOUSTIERS. Plat octogone et oblong, décor très fin en bleu à figures et ornements d'après Bérain.

519 — MOUSTIERS. Plat oblong et à contours, décor armoiries au centre ; bordure à ornements.

520 — Moustiers. Plat oblong, décor à cartel sujet mythologique au centre ; bordure à guirlandes en polychrome.

521 — Moustiers. Plat oblong, décor à sujet mythologique au centre en polychrome ; bordure à guirlandes en jaune d'ocre.

522 — Moustiers. Plat oblong contourné, décor à groupes de fruits au centre ; bordure à ornements polychromes.

523 — Moustiers. Assiette, décor à alliance d'armoiries en bleu.

524 — Moustiers. Assiette, décor à la Vierge et l'Enfant, avec banderole à inscription.

525 — Moustiers. Assiette, décor à cartel, paysage et figures, bordure à rocaille en polychrome.

526 — Moustiers. Quatre assiettes, décor en vert à personnages et fleurs.

527 — Moustiers. Petit plat creux oblong, décor en bleu et jaune, d'après Bérain.

528 — Moustiers. Assiette, décor à personnages et oiseaux en polychrome.

528 *bis* — Moustiers. Plat avec écusson au centre, bords à écussons en bleu.

529 — Moustiers. Plat oblong, armoiries au centre, bords à ornements.

530 — Moustiers. Plat oblong, décor d'après Callot en vert.

531 — MOUSTIERS. Assiette avec écusson au centre, bordure à guirlandes en polychrome.

532 — MOUSTIERS. Bassin creux et ovale, décor bleu, blason au centre ; bordure à guirlandes et ornements.

533 — MOUSTIERS. Assiette à armoiries en bleu.

534 — MOUSTIERS. Soupière ovale, décor polychrome à rocailles et fleurs.

535 — MOUSTIERS. Soupière oblongue, décor vert, d'après Callot.

536 — MOUSTIERS. Plat ovale et creux, décor à sujet biblique en polychrome.

537 — MOUSTIERS. Soupière avec couvercle et plateau, décor polychrome à sujets chinois.

538 — MOUSTIERS. Deux assiettes, décor à sujets de chasse en bleu, d'après Tempesta.

539 — MOUSTIERS. Bouquetière forme rocaille avec cartel à sujet mythologique en polychrome.

540 — MOUSTIERS. Petit seau, décor d'après Bérain, en bleu : anses à mascarons. XVIIIe siècle.

541 — MOUSTIERS. Petit seau, décor à armoirie et guirlandes, avec inscription : *M. De. Murasson Prieur. De L'abbaye. De. fonfroid.*

542 — MOUSTIERS. Petit plateau oblong, décor à bouquets de fleurs en polychrome.

543 — MOUSTIERS. Deux petits cornets, décor à cartouches avec inscriptions, encadrés de figures d'archanges et de guirlandes de fleurs en bleu.

544 — MOUSTIERS. Beurrier avec couvercle et plateau, décor à guirlandes de fleurs en polychrome.

545 — MOUSTIERS. Petit seau, décor vert à figures et paysages.

546 — MOUSTIERS. Plat octogone, décor bleu, écusson au centre; bordure à petit dessin.

546 — MOUSTIERS. Deux assiettes, décor bouquets de fleurs au centre; bordure petit dessin.

548 — MOUSTIERS. Plat oblong, décor jaune à figures et plantes.

549 — MOUSTIERS. Soupière avec couvercle, décor à bouquets de fleurs, supportée par quatre griffes, décor en polychrome.

550 — MOUSTIERS. Seau, décor à cartouches de terrains et animaux, anses à mascarons en polychrome.

551 — MOUSTIERS. Huit assiettes, décor varié en polychrome et bleu, sujets d'après Callot, fleurs et personnages.

552 — MOUSTIERS. Plat oblong, décor en vert, sujet d'après Callot.

553 — MOUSTIERS. Plat à contours et oblong, offrant au centre un pêcheur et une sirène; bordure à ornements, fond quadrillé en bleu sur blanc.

554 — MOUSTIERS. Deux assiettes, décor à figures et paysages en jaune, bleu et vert.

555 — MOUSTIERS. Assiette, décor à fleurs; bordure à rocailles.

FAIENCES DE STRASBOURG

556 — STRASBOURG. Deux saladiers de différentes grandeurs, décor à bouquets de fleurs.

557 — STRASBOURG. Assiette, décor fleurs et oiseaux à rehauts d'or.

558 — STRASBOURG. Assiette, décor rocaille, oiseaux et paysages.

559 — STRASBOURG. Deux assiettes, décor à la tulipe.

560 — STRASBOURG. Compotier, décor à fleurs et écusson.

561 — STRASBOURG. Fontaine et bassin, décor à bouquets de fleurs; monture en étain.

562 — STRASBOURG. Soupière ronde avec couvercle et plateau, décor très fin à fleurs; bordure bleu et or.

563 — STRASBOURG. Soupière ovale, décor feuilles de chou à oiseaux et paysage.

564 — STRASBOURG. Beau service, décor à fleurs, composé de deux saladiers de différentes grandeurs, une saucière avec plateau, quatre-vingt-treize assiettes plates, douze assiettes creuses, quatre compotiers.

565 — STRASBOURG. Théière, décor à fleurs.

566 — STRASBOURG. Groupe de deux figures : Allégorie de l'Oiseau envolé, de Jean Hanong. Au-dessous, le monogramme.

567 — STRASBOURG. Six tasses, décor à fleurs et au Chinois.

568 — Strasbourg. Aiguière avec bassin, décor à bouquets de fleurs ; bordure feuilles de chou.

569 — Strasbourg. Deux pots à crème, décor à fleurs.

570 — Strasbourg. Deux bouquetières, décor à bouquets de fleurs.

571 — Strasbourg. Moutardier avec plateau adhérent, décor à bouquets de fleurs.

572 — Strasbourg. Soupière avec couvercle, décor à fleurs.

573 — Strasbourg. Deux soucoupes, décor à sujets chinois, Hiver et Été.

574 — Strasbourg. Quatre soucoupes, décor à bouquets de fleurs.

575 — Strasbourg. Deux petits plateaux oblongs, décor à bouquets de fleurs.

576 — Strasbourg. Deux plats oblongs, décor à bouquets de fleurs.

577 — Strasbourg. Saucière, décor à bouquets de fleurs.

578 — Lorraine. Porte-bouquet, forme monument, décor à mascarons et guirlandes.

579 — Strasbourg. Six assiettes, bords dentelés, décor à bouquets de roses et de pivoines.

580 — Strasbourg. Quatre assiettes, décor vases de fleurs.

581 — Strasbourg. Deux compotiers, forme coquilles, décor à bouquets de fleurs.

582 — Strasbourg. Plat rond, décor d'après Leprince à personnages ; bordure à fleurs.

583 — Strasbourg. Plat à bords contournés, décor à bouquets de roses et tulipes.

584 — Strasbourg. Seau, décor à l'œillet.

585 — Strasbourg. Bouquetière, forme demi-lune, décor à bouquets de fleurs.

586 — Strasbourg. Plat à barbe, décor à fleurs.

587 — Strasbourg. Cinq assiettes, décor à fleurs et à emblèmes patriotiques.

FAIENCES FRANÇAISES DIVERSES

588 — Saint-Clément. Jardinière avec plateau, décor rose et vert et à jour.

589 — Saint-Amand. Bannette, décor oiseaux et branches fleuries en polychrome avec fleurs et ornements réservés en blanc, sous couverrte.

590 — Sceaux. Écuelle avec couvercle et plateau, décor à bouquets de fleurs. Signé dessous Sceaux.

591 — Saint-Amand. Plat oblong, décoi bouquets de fleurs en bleu ; bordure à fleurs en blanc sous couverte.

592 — Avignon. Deux paniers à anses, l'un, décor à fleurs, l'autre à buste de personnage.

593 — Avignon. Théière, forme singe accroupi.

594 — Avignon. Cafetière montée en argent.

595 — Saint-Omer. Plat rond à fond bleu, décor à bouquet de fleurs et feuillage; bordure treillagée en polychrome.

596 — Saint-Omer. Plat rond à fond bleu, représentant au centre un chien sautant.

597 — Saint-Omer. Plat rond à fond bleu, décor à écusson; bordure à ornements.

598 — Saint-Omer. Assiette à fond bleu, décor à fleurs.

599 — Saint-Omer. Bouteille à panse surbaissée, fond bleu, décor à guirlande de feuillages en blanc et jaune.

600 — Avignon. Chat assis.

601 — Saint-Omer. Pichet, fond bleu, décor à bouquets de fleurs et oiseaux en sopra bianco et jaune; couvercle en étain.

602 — Midi. Moule à pâtés avec couvercle, fond brun, décor à fleurs de lis en relief.

603 — Montpellier. Vase avec couvercle, fond jaune, à fleurs en polychrome.

604 — Fabriques diverses. Dix assiettes, décors variés.

605 — Fabriques diverses. Six plats et assiettes à fruits en relief.

606 — Midi. Assiette à pâté avec couvercle, décor en relief à fleurs de lis fond jaune.

607 — Montpellier. Bassin ovale en creux, fond jaune, décor à fleurs en polychrome.

608 — Fabriques diverses françaises. Douze assiettes, décors variés.

609 — Douai. Quatre tasses avec soucoupes, décor marbré.

610 — Douai. Gourde, décor marbré.

611 — Douai. Pichet, décor marbré, fond violet. Signé : Noel Bidault et daté 1785.

612 — Ciflé. Figurine allégorique de l'Hiver.

613 — Ciflé. Groupe de quatre figures, représentant l'Enlèvement d'Hélène.

614 — Niederwiller. Groupe représentant le Temps portant l'Amour.

615 — Allemagne. Figurine allégorique de l'Automne.

616 — Hochst. Aiguière forme casque avec bassin, décor à bouquets de fleurs polychrome, ornements en jaune. Marque à la roue. Monogramme P B.

617 — Custine. Sucrier avec plateau adhérent, couvercle et cuillère, décor à fleurs.

GRÈS

618 — Flandre. Groupe : Vierge et Enfant. xvie siècle.

619 — Flandre. Quatre cruchons, dont trois montés en étain.

620 — Flandre. Deux cruchons, fond jaune, montés en étain.

621 — Flandre. Plat rond avec cheval au centre.

622 — Flandre. Encrier, décor bleu et gris.

623 — Flandre. Pichet, fond bleu uni ; monture en étain.

624 — Munich. Chope, décor polychrome en relief représentant sept saints, couvercle en étain, avec médaillon offrant l'assassinat d'un sultan. xvie siècle.

WEDGWOOD

625 — Wedgwood. Théière et pot à crème, fond noir.

626 — Wedgwood. Tasse et soucoupe, fond gris, décor noir.

PORCELAINES ORIENTALES

627 — Chine. Gargoulette, décor au coq et lambrequin, famille rose.

628 — Chine. Deux bols et deux assiettes, décor marbré.

629 — CHINE, FAMILLE VERTE. Petit vase, décor jeu d'enfants.

630 — JAPON. Verre avec pied, décor à fleurs en polychrome et rehauts d'or.

631 — PERSE. Deux tasses trembleuses avec soucoupes, décor polychrome à fleurs.

632 — PERSE. Deux petits bols avec soucoupes, décor partie gaufrée et en polychrome.

633 — PERSE. Deux soucoupes, décor polychrome.

634 — JAPON. Deux compotiers, décor bleu sur blanc, à paysages et oiseaux.

635 — CHINE. Grand compotier, décor bleu sur blanc, à rosaces et fleurs.

636 — INDE. Plat oblong, décor bleu sur blanc, à fleurs, bords truités.

637 — JAPON. Assiette, décor en bleu sur blanc.

638 — CHINE. Deux compotiers, décor à figures et plantes en rouge et or.

639 — JAPON. Assiette creuse, décor à armoirie et fleurs polychrome et or.

640 — CHINE, FAMILLE ROSE. Trois assiettes, décor à fleurs.

641 — JAPON. Assiette, décor vase et fleurs polychrome à rehauts d'or.

642 — CHINE, FAMILLE VERTE. Compotier, décor à figures.

643 — JAPON. Compotier, décor à cartouche de terrain et fleurs polychrome à rehauts d'or.

644 — CHINE. Douze assiettes, décor varié à fond capucine, à fleurs, et une représentant le Calvaire.

645 — CHINE. Vase forme bouteille, fond vert, avec rubans violets. et trois figurines d'enfants se détachant en ronde bosse.

646 — CHINE. Potiche, fond bleu, décor à réserves en blanc, dragon et fleurs.

647 — CHINE. Vase, décor paysage, figures et animaux.

648 — CHINE. Deux bouteilles, gris craquelé.

649 — CHINE. Deux figurines de la famille verte.

PORCELAINES EUROPÉENNES

650 — SÈVRES. Pot à eau et cuvette, fond brun, à rehauts d'or.

651 — SÈVRES. Beurrier sur plateau adhérent, décor à rocailles rehaussées d'or.

652 — SÈVRES. Plateau oblong, décor fond bleu de roi et à rehauts d'or avec médaillons à petits amours.

653 — CHANTILLY. Sucrier lobé avec couvercle, décor à fleurs détachées. Époque Louis XV.

654 — Sèvres. Soucoupe, décor à bouquet et guirlande de fleurs. Époque Louis XVI.

655 — Sèvres. Deux assiettes, à bordure feuille de chou gaufrée, décor à bouquets de fleurs. Époque Louis XV.

656 — Sèvres. Deux sucriers avec plateaux et couvercles, décor à bouquets de fleurs. Époque Louis XV.

657 — Sèvres. Sucrier avec plateau adhérent, décor à bouquets de fleurs. Époque Louis XVI.

658 — Villeroy. Sucrier avec plateau adhérent et couvercle, décor à bouquets de fleurs. Époque Louis XVI.

659 — Chantilly. Deux cuillères à sucre en poudre, décor bleu.

660 — Sèvres. Sept tasses à café avec soucoupes, décor à bouquets de fleurs. Époque Louis XVI.

661 — Sèvres. Trois tasses, décor bouquets de fleurs. Époque Louis XVI.

662 — Sèvres. Tasse à deux anses avec soucoupe, décor à fleurs fond bleu et fond rose. Époque de la République.

663 — Sèvres. Petit vase avec couvercle, fond gros bleu et rehauts d'or, médaillons à oiseaux et fleurs.

664 — Chantilly. Tasse et soucoupe, décor à fleurs. Louis XVI.

665 — Sèvres. Deux sucriers, décor à bouquets de fleurs. Époque Louis XVI.

666 — Sèvres. Deux moutardiers, décor à bouquets de fleurs. Époque Louis XVI.

667 — Sèvres. Assiette avec rosace fleurie, au centre; bordure à fleurs détachées et guirlandes. Époque Louis XVI.

668 — Chantilly. Assiette à bords gaufrés, décor à bouquets de fleurs.

669 — Sèvres. Salière double, décor à bouquets de fleurs. Époque Louis XVI.

670 — Chantilly. Salière double, décor à fleurs et oiseaux.

671 — Sèvres. Pot à crème, décor à fleurs. Époque Louis XVI.

672 — Sèvres. Coquetier, décor à fleurs et guirlandes. Époque Louis XVI.

673 — Sèvres. Théière, décor à bouquets de fleurs détachés. Époque Louis XV.

674 — Sèvres. Assiette, décor à bouquets de fleurs, bords gaufrés. Époque Louis XV.

675 — Sèvres. Assiette à bordure bleu turquoise et médaillons de fleurs, avec sujet allégorique, au centre: personnages dans un parc. Époque Louis XV.

676 — Chantilly. Pot à lait, décor à bouquets de fleurs. Époque Louis XV.

677 — Sèvres. Assiette, décor à bouquets de fleurs. Époque Louis XVI.

678 — Saxe. Petit buste, allégorie de l'Été, sur socle à rehauts d'or. Époque Louis XV.

679 — Mennecy. Groupe représentant un personnage sous une grotte couverte de fleurs couronné par un tronc d'arbre. Époque Louis XV, formant porte-bouquet.

680 — Sèvres. Pot à crème, avec couvercle, décor bouquets de fleurs. Époque Louis XVI.

681 — Sèvres. Petite tasse avec soucoupe, décor à semis de fleurs. Époque Louis XVI.

682 — Sèvres. Petite tasse avec soucoupe, décor à bouquets de fleurs. Époque Louis XVI.

683 — Sèvres. Écuelle avec couvercle et plateau, décor à bouquets de fleurs. Époque Louis XVI.

684 — Sèvres. Bol à sucre, décor à bouquets de fleurs. Époque Louis XVI.

685 — Mennecy. Deux pots à crème avec couvercles, forme côtelée, décor à fleurs détachées. Époque Louis XV.

686 — Saxe. Figurine : la Petite Bouquetière. Époque Louis XV.

687 — Chantilly. Assiette, décor au dragon, dans le goût chinois. Époque Louis XV.

688 — Chantilly. Deux bouquetières blanches, décor à fleurs en relief.

689 — Chantilly. Deux assiettes : l'une à bords gaufrés, l'autre avec vue de parc.

690 — Sèvres. Tasse et soucoupe à médaillon, sujet champêtre. Époque Louis XVI.

691 — Vienne. Tasse et soucoupe, à fond bleu, décor ornements et guirlandes en grisaille rosée et bordure dorée.

692 — A la Reine. Tasse et soucoupe pointillées d'or.

693 — Chantilly. Jardinière treillagée à jour, décor à bouquets de fleurs. Époque Louis XVI.

694 — Sèvres. Six assiettes à bords gaufrés, décor à bouquets de fleurs. Époque Louis XVI.

695 — Paris. Quatre figurines : Dieux et Déesses.

696 — Chantilly. Sucrier avec couvercle et plateau, décor de fleurs bleu sur blanc.

697 — Saxe. Curieuse assiette, bords à jour, couverte de fleurs et de fruits se détachant en haut-relief.

698 — Mennecy. Tasse et soucoupe, décor à bouquets de fleurs.

699 — Chantilly. Tasse et soucoupe, décor à fleurs en bleu.

700 — Sceaux. Petit pot à pommade avec couvercle, décor à fleurs.

701 — Saint-Cloud. Porte-huilier, décor à fleurs en relief en blanc. Époque Louis XVI.

702 — Mennecy. Beurrier sur plateau adhérent avec couvercle, décor à bouquet de fleurs. Époque Louis XV.

703 — Saint-Cloud. Deux tasses hautes, avec soucoupe à galerie, décor bleu sur blanc. Époque Louis XVI.

704 — Chantilly. Sucrier avec couvercle et plateau, décor à fleurs en bleu. Époque Louis XVI.

705 — Chantilly. Petit pot à pommade, décor bleu.

706 — Arras. Tasse et soucoupe, décor à fleurs en bleu.

707 — Sèvres. Tasse et soucoupe, décor à guirlandes de laurier et roses détachées. Époque Louis XVI.

708 — Barrot. Deux pots à crème, avec couvercle, décor à fleurs.

709 — Saxe. Boite oblongue, montée à charnières, décor à fleurs.

710 — Saxe. Figurine d'enfant : allégorie du Printemps.

711 — Allemagne. Groupe : le Petit Dénicheur d'oiseaux.

712 — Cronenburg. Figurine : la Marchande d'olives en blanc.

713 — Chantilly. Coquetier, décor bleu.

714 — Sèvres. Tasse et soucoupe, décor à fleurettes, bordures à ornements. Époque Louis XVI.

715 — Allemagne. Tasse et soucoupe, décor à fruits et oiseaux. Époque Louis XVI.

716 — Sèvres. Petite coupe à deux anses, à rehauts d'or. Époque Louis XV.

717 — Paris. Deux tasses et soucoupes, décor : marines et figures.

718 — Sèvres. Tasse et soucoupe, forme côtelée, décor rayé rosé et bleu, rehaussées d'or. Époque Louis XV.

719 — Locray. Deux jardinières carrées, décor à fleurs.

720 — Sèvres. Tasse et soucoupe, décor à bouquets de fleurs, bordure bleu et or. Époque Louis XV.

721 — Sèvres. Petit groupe de deux figures en biscuit : Mars et Flore dansant.

722 — Sèvres. Deux tasses et soucoupes : l'une, à décor rouge et or, et l'autre à semis de fleurs bleu et or. Époque Louis XVI.

723 — Sèvres. Tasse et soucoupe, décor à bouquets de fleurs en rouge.

724 — Sèvres. Sucrier, décor à bouquets de fleurs. Époque Louis XVI.

725 — Chantilly. Petite chope, décor bleu sur blanc; monture argentée.

726 — Saxe. Six tasses et soucoupes, décor en camaïeu violet, à scènes champêtres et bouquets de fleurs.

727 — Anspach. Six tasses et soucoupes, décor à fleurs.

728 — Mol. Tasse haute avec soucoupe, décor à fleurs en violet.

729 — Sèvres. Deux tasses avec soucoupes, décor gros bleu, à bordure dorée.

730 — Diverses. Onze tasses avec soucoupes, décors variés.

731 — Milan. Théière, décor à fleur et insectes à rehauts d'or.

VITRAUX

732 — Six vitraux à personnages du xve siècle. Encadrements modernes.

733 — Vitrail représentant un Chemin de croix. xvie siècle.

734 — Quatre vitraux représentant des scènes du Nouveau Testament, en grisaille. xvie siècle.

735 — Deux vitraux à armoiries, avec inscriptions. xviie siecle.

736 — Vitrail à buste de personnage. xvie siècle.

737 — Quatre vitraux : scènes de chasse et jeux d'enfants. xviie siècle.

738 — Suite de vingt-huit vitraux, à sujets et armoiries, des xvie et xviie siècles. (Sera divisé.)

ÉTAINS

739 — Boîte à sels avec fronton repoussé à figure de fleuve et coquille. Époque Louis XIV.

740 — Deux petits plats à sujets équestres et figures de saints, attribués à Briot.

741 — Quatre écuelles de différentes grandeurs. Époque Louis XIV.

742 — Vidrecome gravé, à écusson et ornements. Époque Louis XIII.

743 — Quatre plats gravés, à figures et fleurs. Époque Louis XIV.

744 — Aiguière à côtes tournantes. Époque Louis XV.

745 — Lampe à figure de saint debout. XVIIe siècle.

746 — Plateau, décor à personnages : sujet Watteau gravé.

747 — Plat gravé à figure allégorique, inscription et arabesques.

BRONZES — CUIVRES

748 — Paire de flambeaux en cuivre poli. Époque Louis XIII.

749 — Bas-relief en bronze : Scène biblique. Cadre en bois noir.

750 — Ostensoir en cuivre repoussé. Époque Louis XIII.

751 — Encrier triangulaire avec figure : Amour musicien ; bronze florentin.

752 — Petit coffret en fer gravé. XVIe siècle.

753 — Figurine d'Hercule en bronze. Socle en ivoire. XVIe siècle.

754 — Sonnette en bronze.

755 — Coupe triangulaire en bronze florentin, posant sur une serre d'aigle.

756 — Médaillon en bronze représentant, sur fond d'émail, un roi et une reine. Style XIVe siècle.

757 — Figurine : l'Esclave, de Blézer.

758 — Deux chandeliers en fer, XVIe siècle.

759 — Lampe en cuivre repoussé avec anse à tête humaine. Époque Louis XIII.

760 — Divinité chinoise ancienne rehaussée de vestiges de dorure.

761 — Figurine de Bacchus debout en bronze.

762 — Plaquette à double face représentant Louis XII et la reine Anne.

763 — Médaillon en bronze émaillé représentant les rois Philippe et Ferdinand d'Espagne.

764 — Bassinoire en cuivre repercé. Époque Louis XIII.

765 — Grand plat à armoirie, bordure à arabesques.

766 — Plat, décor à buste de personnage.

767 — Miroir avec cadre repoussé. Époque Louis XIV.

768 — Plat rond, au griffon tenant une banderole, marli à inscription, XVIe siècle.

769 — Plat rond aux armes d'Autriche, bordure arabesques de feuillages et pommes de pin, XVIe siècle.

770 — Réchaud sur plateau adhérent, décor à guirlandes de fruits.

771 — Plat ovale avec écusson au centre, coquilles et feuillages sur le bord.

772 — Plat creux, offrant au centre la Vierge et l'Enfant Jésus. XVIe siècle.

773 — Plat creux, offrant au centre le buste de Marcus Tullius. XVIe siècle.

774 — Plateau rond, offrant une allégorie aux trois ordres de la France, 1793.

775 — Jolie pendule, forme monument, en cuivre poli et argenté, ornée sur le dôme de figurines, allégorie de la Foi, de l'Espérance et de la Justice. Fin du XVIe siècle.

776 — Paire d'appliques à deux lumières, fond de glace, avec cadre en cuivre argenté et doré. XVIe siècle.

777 — Paire de flambeaux en cuivre poli. Époque Louis XIII.

778 — Lustre style flamand à six lumières en cuivre poli.

779 — Paire de candélabres à trois lumières en cuivre poli. XVIe siècle.

780 — Deux candélabres d'applique en fer, forme arbre à huit branches au pied duquel sont assis des personnages représentant saint Louis et un évêque posant sur console ajourée. XVIe siècle.

VERRERIE

781 — Venise. Grande coupe ronde sur piédouche.

782 — Venise. Verre à aileron bleu.

783 — Venise. Bouteille à imbrication blanche.

784 — Venise. Bouteille, décor relevé de blanc.

785 — Venise. Deux aiguières, décor relevé de blanc.

786 — Allemagne. Vase cylindrique, décor en couleur et émaillé à personnage ; armoirie et inscription. Date 1609.

787 — Allemagne. Verre émaillé à fleurs et oiseaux.

788 — Allemagne. Trois flacons, décor aigles et personnages.

789 — Allemagne. Flacon et deux verres opaques, décor en couleur.

790 — Venise. Petite aiguière, décor filigrané blanc, arabesques en rouge et coquilles en relief avec anse en étain. Fin du XVIe siècle.

791 — Allemagne. Petit vase avec couvercle, décor armoirie portée par des archanges.

792 — Hollande. Neuf grands verres dont trois avec couvercles, décor varié en gravure.

793 — Hollande. Verre d'eau gravé à armoirie.

794 — Hollande. Verre à anse gravé à écusson.

795 — Divers. Vingt pièces de différentes formes. (Sera divisé.)

796 — Antiques. Huit pièces.

ARMES

797 — Casque en fer noirci par parties. Époque Henri IV.

798 — Bouclier en fer uni. XVIe siècle.

799 — Paire de grands pistolets système à pierre.

800 — Paire d'éperons et paire d'étriers.

POTERIES ANTIQUES ET ÉTRUSQUES

801 à 814 — Cinq grands vases, décor varié, deux aiguières, diverses coupes, figurines, lampes, fragments, etc. (Sera divisé.)

ÉMAUX — ARGENTERIE — IVOIRES

815 — Limoges. Plaque rectangulaire représentant un personnage repêché après avoir été coupé par un requin, peinture en grisaille. XVIe siècle. Cadré doré.

816 — Limoges. Petit médaillon représentant une sirène, peinture en couleur fond noir pointillé d'or. XVIe siècle.

817 — LIMOGES. Plaque ovale représentant un buste d'homme casqué, peinture en grisaille sur fond noir pointillé d'or. XVIe siècle.

818 — LIMOGES. Petite plaque rectangulaire représentant sainte Thérèse, peinture en couleurs à rehauts d'or, de Laudin. Signée au revers.

819 — LIMOGES. Petite plaque rectangulaire représentant la sainte Vierge, peinture en couleurs rehaussée d'or, de Nouailher. Signé au revers.

820 — LIMOGES. Plaque rectangulaire représentant une martyre, peinture en couleur. XVIe siècle. Encadrée.

821 — LIMOGES. Deux médaillons ovales : Portraits des Césars dans un même cadre. XVIe siècle.

822 — Ménagère en argent forme architecturale. Époque fin Louis XVI.

823 — Figurine : Saint Jean en ivoire, cheveux rehaussés de vestiges de dorure, petite pièce intéressante de sculpture italienne de la fin du XVIe siècle; montée sur fût de colonne en bois noir cannelé.

824 — Figurine en ivoire : Vierge debout tenant son livre de prières dans la main gauche, costume amplement drapé. Commencement du XVIIe siècle.

825 — Eventails. Objets de vitrine divers.

SCULPTURES SUR BOIS ET ALBATRE

826 — Groupe de deux saintes. XVIIe siècle.

827 — Statuette de saint en bois sculpté et rehaussé de peinture. XVIe siècle.

828 — Groupe de trois figures rehaussées de vestiges de dorure XVIe siècle.

829 — Groupe de deux figures rehaussé de peintures. XVIe siècle.

830 — Haut-relief en terre cuite et décorée, composé de cinq figures. XVIe siècle.

831 — Bas-relief saint, rehaussé de peintures et de dorures. XVIe siècle.

832 — Statuette de Vénus drapée, en albâtre.

833 — Figurine de femme drapée en buis sculpté, sur socle, en bois noir, avec écusson en marqueterie de cuivre. Époque Louis XIV.

834 — Fragment de sculpture sur ardoise représentant un médaillon à figure de Minerve, entouré de scènes guerrières se détachant sur un trophée d'attributs guerriers au chiffre de Diane de Poitiers et de Henri II enlacé.

MEUBLES

835 — Beau lit en bois sculpté, fond à médaillon. Scènes de chasse, avec griffons et arabesques de chaque côté : fronton à armoirie dans un cartouche à rocailles surmonté de la cou-

ronne de Suède. Le devant avec cartouche à scène de chasse et animaux fabuleux se détachant de chaque côté en bas-relief. Les montants sont formés de cariatides et aux quatre angles il est flanqué de colonnes torses supportant un baldaquin dont le fond est formé par une jolie tapisserie de la Renaissance à petits personnages se livrant au plaisir de la chasse. Tout autour il est orné de bandeaux en tapisserie de la même époque offrant des médaillons à sujets allégoriques, des cariatides de satyres et de sphinx, des vases chargés de fruits et des masques fabuleux au milieu de rinceaux et de festons de rubans. Ensemble intéressant.

836 — Meuble à deux corps en bois sculpté s'ouvrant à quatre portes avec rangée de tiroirs à hauteur d'appui, décor à fleurs et ornements couronné par un fronton avec niche renfermant une figure de saint en ivoire. Fin du XVIe siècle.

837 — Quatre chaises à hauts dossiers en bois sculpté et marqueté, couvertes en tapisserie au point du temps de Louis XIII.

838 — Table de nuit en bois sculpté gothique.

839 — Glace biseautée, avec cadre en bois noir guilloché, rehaussée de dorure. Époque Louis XIII.

840 — Petite vitrine en marqueterie de cuivre sur fond d'écaille de l'Inde. Époque Louis XIV.

841 — Vitrine à deux battants en palissandre garnie de bronzes. Style Louis XV.

842 — Table rectangulaire en bois sculpté, piètement à colonnes. XVIe siècle.

843 — Crédence en bois sculpté s'ouvrant à deux portes, ornée de têtes de chérubins en bas-reliefs; dessus formant dressoir à étagère. XVIe siècle.

844 — Buffet à hauteur d'appui en bois sculpté. Époque Louis XIV.

845 — Six chaises à hauts dossiers en bois découpé, couvertes en ancien cuir de Cordoue.

846 — Petite vitrine en bois sculpté. Époque Louis XIII.

847 — Meuble flamand en chêne sculpté et bois noir. Époque Louis XIII.

848 — Coffre en bois sculpté. Époque Louis XIV.

849 — Coffret en bois garni de ferrures du temps de Louis XIII.

850 — Chaise en cuir de Cordoue, garnie de gros clous de cuivre. Époque Louis XIII.

851 — Deux escabeaux en chêne sculpté. Style Louis XIII.

852 — Crédence s'ouvrant à rabat, en chêne sculpté, offrant en haut-relief quatre bustes de rois et, au-dessous, en bas-relief, un écusson fleurdelisé et six médaillons à têtes royales. Le bas à jour avec quatre colonnettes torses et ornées de feuillages, le fond avec fleurs de lis. Travail en partie du XVIe siècle.

853 — Vitrine à deux portes, en chêne sculpté. Époque Louis XIV.

854 — Cartel en bois noir sculpté, cadran en cuivre jaune.

855 — Meuble à hauteur d'appui s'ouvrant à deux portes, en chêne sculpté, offrant en bas-relief des cartouches à bustes de personnages et des ornements raphaélesques, avec colonnes détachées sur les côtés, sculpture dans le même goût sur les profils. XIVe siècle.

856 — Quatre chaises à hauts dossiers en bois sculpté, couvertes en cuir de Cordoue, XVIe siècle.

857 — Deux chaises à dossiers sculptés, style gothique, couvertes en cuir de Cordoue.

858 — Table à pieds tors, en chêne sculpté. Louis XIII.

859 — Bahut à hauteur d'appui, en chêne sculpté, s'ouvrant à rabat, orné sur la façade de quatre compartiments à médaillons, bustes de personnages avec dragons, oiseaux fantastiques et salamandres ; au-dessus et en dessous, des croissants de Diane de Poitiers et les fleurs de lis de France se dessinent entre chaque panneau ; en bas, se détache une frise à arabesques avec figures d'enfants, le tout pris en plein bois. Les montants sont ornés de figurines d'enfants et de chutes de fruits ; les moulures à feuilles d'acanthe. Travail en partie du XVIe siècle.

860 — Petit meuble d'entredeux, le bas s'ouvrant à une porte en bois sculpté, offrant un médaillon à tête d'homme casqué et des dessins raphaëlesques. Le dessus à jour avec cariatides de femmes appliquées sur les montants. En partie du XVIe siècle.

861 — Pendule avec son socle d'applique en marqueterie de cuivre, d'écaille de l'Inde et de burgau, garnie de bronzes, époque Louis XIV ; au-dessous du cadran, un cartouche en émail avec signature André Hory, à Paris.

862 — Meuble s'ouvrant à deux portes en chêne sculpté, offrant sur les battants des figures mythologiques, montants à colonnettes cannelées. Le bas à jour avec piètement à arcades, XVIe siècle.

863 — Bureau en marqueterie de bois. Époque Louis XIII.

864 — Guéridon avec pied à X en chêne.

865 — Miroir biseauté avec cadre en bois noir à fronton sculpté. Époque Louis XIV.

866 — Pendule dite religieuse en bois noir, ornée de cuivre. Époque fin Louis XIII.

867 — Meuble en chêne sculpté s'ouvrant à deux portes dans le haut et à une porte dans le bas; panneau dessin à draperies et branches de vigne. XVIe siècle.

868 — Commode ancienne en bois laqué, décor dans le goût chinois, à quatre rangées de tiroirs.

869 — Horloge, cage en bois Louis XVI.

TAPISSERIES

870 — Panneau en tapisserie de Ferrare représentant la Vierge portant l'Enfant Jésus dans ses bras, ayant près d'elle saint Jean et entourée des chérubins; fond de paysage; bordure à fleurs et fruits. Fin du XVIe siècle.

871 — Panneau formé de deux pentes en tapisserie de la Renaissance à petits personnages sous des arcades monumentales, monté sur fond de drap vert.

872 — Tapisserie de Bruxelles du XVIIe siècle, compositions de nombreuses figures, cavaliers, guerriers et manœuvres.

873 — Tapisserie de Bruxelles du XVIIe siècle, représentant un intérieur de palais; bordure sur trois côtés à ornements et, dans le bas, avec cartouches à paysages et guirlandes de fruits, monogramme IVB.

874 — Tapisserie de Bruxelles représentant l'édification d'un palais. Composition de nombreux personnages, cavaliers en armures du XVIIe siècle.

875 — Tapisserie de Bruxelles représentant une scène de combat. Composition de nombreuses figures et de cavaliers. XVIIe siècle.

876 — Tapisserie de Bruxelles représentant trois personnages discutant; fond de paysage. XVIIe siècle.

877 — Deux portières en tapisserie verdure. XVIIe siècle.

878 — Grande tapisserie de Bruxelles, représentant la chasse de Diane; composition de plusieurs figures et d'animaux dans un paysage accidenté; bordure à médaillons, fleurs et fruits. XVIIe siècle.

879 — Paire de rideaux en laine verte, avec larges bandes et bandeaux en tapisserie de la Renaissance, à petits personnages, médaillons à paysages, fleurs et fruits.

880 — Tapisserie de Lille, représentant la chasse au faucon, groupe de cavalier et amazone suivis de paysans et précédés de leur meute dans un paysage accidenté et boisé. Bordure à fleurs dans le bas. XVIIe siècle.

881 — Tapisserie de Lille, représentant un château au milieu d'un paysage accidenté, bordure à fleurs dans le bas. XVIIe siècle.

882 — Grande tapisserie de la Renaissance : personnages et animaux, dans un paysage avec large bordure à fleurs et fruits.

883 — Tapisserie du XVIe siècle à personnages.

884 — Tapisserie du XVIe siècle à personnages.

885 — Tapisserie du XVIe siècle, à sujet guerrier.

886 — Deux portières en tapisserie de la Renaissance à petits personnages et animaux dans une forêt ; bordure sur un côté.

887 — Portière en tapisserie de la Renaissance, représentant une chasse au sanglier et autres animaux avec cavaliers, amazones et piqueurs. De chaque côté s'élèvent des colonnes monumentales.

888 — Deux portières en tapisserie d'Aubusson, fond marron à personnages chinois dans des paysages avec pagodes. Époque Louis XV

889 — Tapisserie de Bruges du XVIIe siècle, représentant une reine venant faire acte de soumission à un roi entouré de son armée.

890 — Suite de trois tapisseries de Bruxelles du XVIIe siècle à grands personnages : scène de l'histoire de Samson et Dalila.

891 — Tapisserie de Bruges, représentant Apollon ; bordure à armoiries et guirlandes de fleurs.

892 — Grande tapisserie, paysage boisé avec bordure sur trois côtés, XVIIe siècle.

893 — Bandeau de cheminée en ancienne tapisserie, dessin à ornements et figures.

894 — Garniture de chaise en tapisserie au point et au petit point du temps de Louis XIII, dossier à médaillon, le Joueur de flûte ; dessus à médaillon oiseaux encadré d'ornements.

895 — Deux médaillons à bustes de personnages encadrés de fleurs en tapisserie de Bruxelles du XVIIe siècle.

896 — Dessus de siège en tapisserie au point à grandes fleurs et pommes de pin. Époque Louis XIII.

897 — Vingt dessus de sièges ou dossiers au point du temps de Louis XIII.

898 — Panneau d'écran en tapisserie au point : la Leçon de tambour. Travail moderne.

899 — Deux paires de rideaux en drap rouge, avec bandes en ancienne tapisserie.

900 — Objets divers non catalogués.

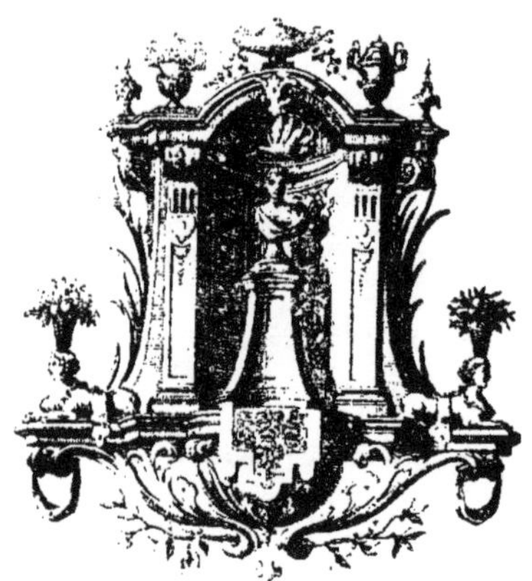

TABLEAUX

FRANCK

901 — *Scène de massacre après un festin.*

Composition de nombreuses figures.

MIGNARD

(École de)

902 — *Portrait de dame de la cour.*

En robe rouge décolletée avec manteau bleu drapé.
Cadre en bois sculpté et doré de l'époque.

OSTADE

(École de VAN)

903 — *Les Fumeurs.*

PATEL

(Attribué à)

904 — *Le Soir.*

Joli paysage avec cours d'eau animé de figures.

PATER

(Attribué à)

905 — *La Partie de musique dans le parc.*

POUSSIN

(École du)

906 — *Paysage avec figures.*

ROSE DE TIVOLI

907 — *Moutons dans un paysage montagneux.*

WATTEAU

(Attribué à LOUIS)

908 — *Le Charlatan.*

WATTEAU

(École de)

909 — *Conversation galante dans le parc.*

WATTEAU

(École de)

910 — *Le Concert champêtre.*

ÉCOLE FLAMANDE

911 — *La Circoncision.*

Peinture sur cuivre.

ÉCOLE FLAMANDE

912 — *Berger gardant un âne, un bélier et un mouton.*

ÉCOLE FRANÇAISE

913 — *Poissons, fruits, légumes et gibier.*

Deux dessus de porte.

ÉCOLE FRANÇAISE

(XVIIIe siècle)

914 — *Portrait d'homme.*

En habit bleu, perruque poudrée.

ÉCOLE FRANÇAISE

(XVIIIe siècle)

915 — *Portrait de femme tenant une mandoline.*

Pastel.

ÉCOLE FRANÇAISE

916 — *Portrait d'un magistrat.*

Pastel.

ÉCOLE FRANÇAISE

917 — *Corbeilles de fleurs.*

Deux gouaches.

ÉCOLE FRANÇAISE

918 — *Les Travaux champêtres.*

Quatre tableaux se faisant suite.

ÉCOLE FRANÇAISE

919 — *La Ballade de Pierrot.*

ÉCOLE FRANÇAISE

920 — *L'Adoration des rois Mages.*

ÉCOLE FRANÇAISE

921 — *Portrait du cardinal de Mazarin.*

ÉCOLE FRANÇAISE

922 — *Jeanne d'Arc au bûcher.*

ÉCOLE FRANÇAISE

923 — *Portrait de Marie Ruzé d'Effiat, maréchale de la Metteraye.*

ÉCOLE FRANÇAISE

924 — *Le Camp des amours.*

ÉCOLE ITALIENNE

925 — *Suite de six portraits historiques.*

926 — *Palais en ruine avec figures.*

ÉCOLE ITALIENNE

927 — *Mascarade.*

ÉCOLE ITALIENNE

928 — *La Madeleine repentante.*

Cadre en bois sculpté et doré.

ÉCOLE ITALIENNE

929 — *Saint Jérôme.*

ÉCOLE ITALIENNE

930 — *Daphné fuyant.*

Cadre en bois sculpté et doré, à fleurs et ornements.

ÉCOLE DU XVIe SIÈCLE

931 — *Tête de la Sainte Vierge, avec couronne enrichie de pierreries.*

Cadre en bois sculpté et doré, forme triptyque, dans le style de l'époque.

ÉCOLE MODERNE

932 — *Vase de fleurs.*

ÉCOLE MODERNE

933 — *Nature morte.*

ÉCOLE MODERNE

934 — *Le Bonnet d'âne.*

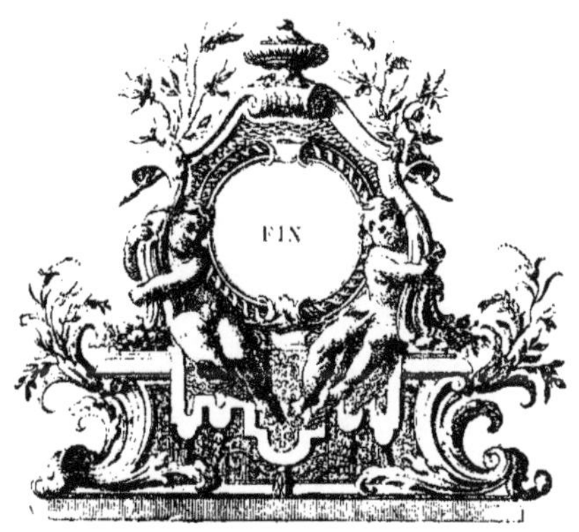

www.ingramcontent.com/pod-product-compliance
Ingram Content Group UK Ltd.
Pitfield, Milton Keynes, MK11 3LW, UK
UKHW021555260726
13993UKWH00002B/847